Contents

U0076723

拋擲硬幣1000次的結果

出現正面跟反面的比例會是$\frac{1}{2}$嗎？

拋擲硬幣1000次的結果

日本牛頓出版社擲了1000次硬幣後，結果如圖所示。正面為黑色，反面為白色。順序由左至右，由上而下。

　此時先來觀察連擲10次跟連擲100次的結果。綠色框為連擲10次的結果，紅色框為連擲100次的結果。再將正反面出現的比例重新排列於右頁圖以方便理解。

假設有1個正面（黑）跟反面（白）出現機率相等的硬幣，意即出現正面的機率為 $\frac{1}{2}$，出現反面的機率也為 $\frac{1}{2}$。

重複拋擲硬幣1000次，並紀錄正反面出現的次數。日本牛頓出版社實際做了這個實驗，結果如左頁圖示。

結果顯示，最初的10次分別為反、正、反、反、反、正、反、反、正、反，出現正面的比例 $\frac{3}{10}$（＝30%），出現正面的比例 $\frac{7}{10}$（＝70%）。跟原本 $\frac{1}{2}$（＝50%）的機率相差非常多。

那麼，投擲共100次的結果會是如何呢？正面出現45次（＝45%），反面出現55次（＝55%），比只擲10次時還接近原本的 $\frac{1}{2}$（＝50%）機率。

在1000次中，適當地將結果切割為10次跟100次來看，也會發現有相同的趨勢（如下圖所示）。

這個現象要怎麼解釋呢？

10次與100次的結果
將左頁實驗結果分離出 10 次（綠色框）跟 100 次（紅色框）之結果，並將正反面出現的比例重新排列如下圖以便理解。可以看出 100 次的結果比 10 次的更接近 $\frac{1}{2}$。

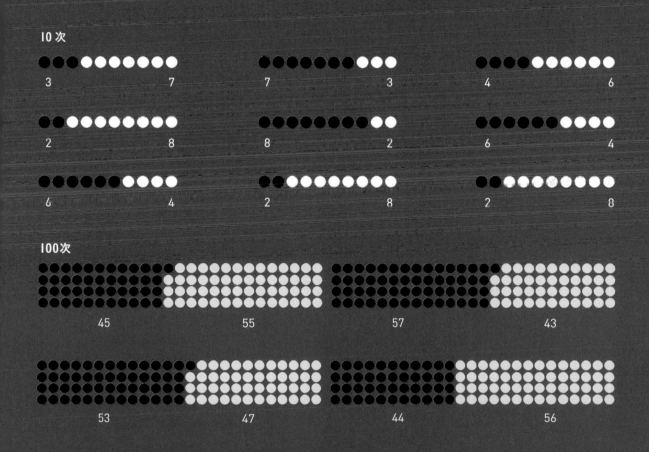

拋硬幣無限次，出現正反面的比例是 $\frac{1}{2}$

重複拋擲的次數愈多，
會愈接近原本的機率

如 前頁所述，已知重複擲出硬幣
100次會比連擲10次更為接近
$\frac{1}{2}$（＝50%）。那將次數增加至連擲
1000次時，機率會是多少？

連擲1000次的結果，顯示正面出
現508次，反面出現492次。換算成
百分比，分別是50.8%跟49.2%。會
比連擲100次更為接近原本的 $\frac{1}{2}$（＝
50%）。

這並非「碰巧遇到的現象」。如拋

拋擲硬幣1000次的結果
擲1枚重心跟形狀都均勻的理想
硬幣無限多次時，出現正或反面
的機率會各為 $\frac{1}{2}$（不考慮硬幣站
立不傾倒的情況）。

同前頁所述，實際擲1000次
硬幣的結果如右圖所示。綠色框
為連擲10次的結果，紅色框為
連擲100次，而連擲1000次的
結果重新排列如右頁以便理解正
反面出現的頻率。

硬幣般，即使每次產生的結果都是偶然發生且不能預測的事件，但只要多重複幾次，整體來說就會愈來愈接近原本的發生機率，這種現象稱為「大數法則」（law of large numbers）。

理論上，擲 1 枚均勻的理想硬幣無限多次，出現正或反面的機率會各為 $\frac{1}{2}$（＝50%）。

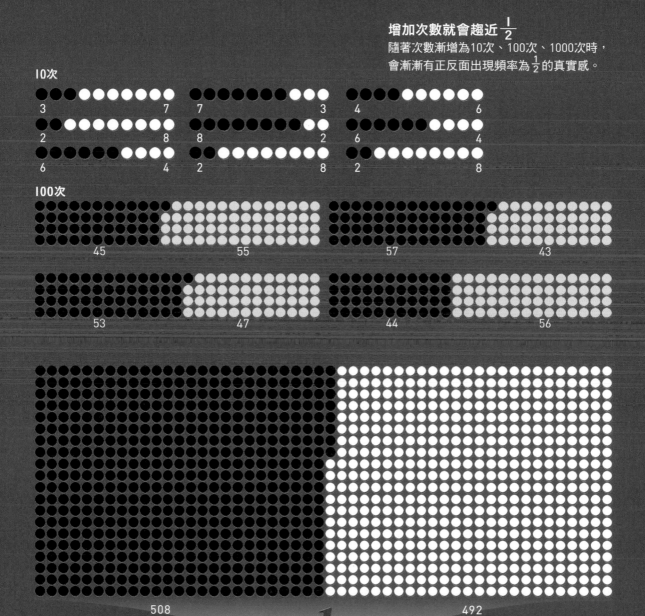

增加次數就會趨近 $\frac{1}{2}$
隨著次數漸增為10次、100次、1000次時，會漸漸有正反面出現頻率為 $\frac{1}{2}$ 的真實感。

10次

3	7	7	3	4	6
2	8	8	2	6	4
6	4	2	8	2	8

100次

45　55　57　43

53　47　44　56

508　492

$\frac{1}{2}$

只要拋硬幣無限次，出現正或反面的機率會各為 $\frac{1}{2}$。

認識與機率相關的基本用語

何謂樣本點、樣本空間、事件？

在 這裡以 1 枚硬幣為例，只要拋這枚硬幣，就會得到「正面」或「反面」。像這樣每個可能會出現的結果稱為「樣本點」（sample point），其整體的集合稱為「樣本空間」（sample space）。樣本空間一般以「Ω」（大寫的 omega）符號來表示。以拋擲硬幣 1 次為例，其樣本空間便為 Ω＝{ 正面, 反面 }。

而且，機率論認為必須要有「事件」的觀念。事件是指從樣本空間

何謂樣本空間

樣本空間是指包含每個可能會發生結果的集合。拋擲硬幣 1 次時的樣本空間 Ω＝{ 正面, 反面 }，擲骰 1 次時的樣本空間 Ω＝{ 1, 2, 3, 4, 5, 6 }。

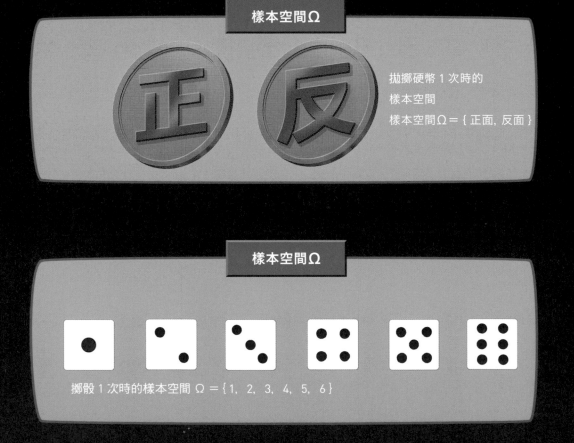

樣本空間Ω

拋擲硬幣 1 次時的
樣本空間
樣本空間Ω＝{ 正面, 反面 }

樣本空間Ω

擲骰 1 次時的樣本空間 Ω＝{ 1, 2, 3, 4, 5, 6 }

中選出的一部分（部分集合）。以擲骰子為例，要考慮到很多種事件，包括「出現偶數點」、「出現 1 點或 3 點的機率」、「出現 6 點以外的點數」等。

另外，不含任何一個樣本點（絕不會產生結果）的事件稱為「空事件」（null event），以「φ」表示，與樣本空間 Ω 完全相同的事件稱為「必然事件」（sure event）。

何謂事件

事件是指包含於樣本空間集合（部分集合）裡的事情。不含任何一個樣本點的事件以「φ」表示，稱為「空事件」，跟樣本空間 Ω 完全一樣的事件稱為「必然事件」。

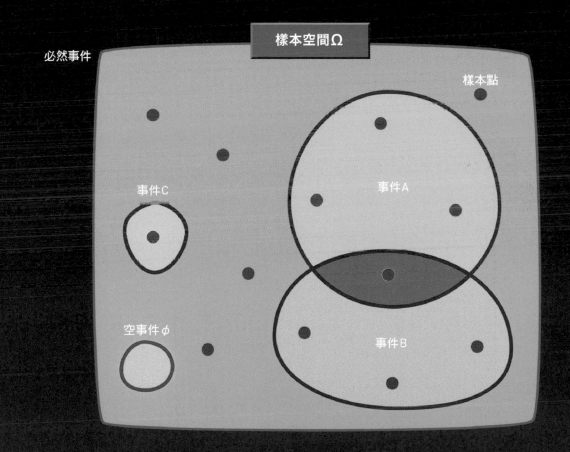

以正確的基本觀念求出機率

可能會發生的情況總共有幾種？

擲骰 1 次出現奇數點的機率求法

骰子點數的必然事件之樣本點個數

$$|\Omega| = |\{1, \ 2, \ 3, \ 4, \ 5, \ 6\}| = 6$$

事件 A 為出現奇數點時的樣本點個數

$$|A| = |\{1, \ 3, \ 5\}| = 3$$

擲出奇數點的機率

$$P(A) = \frac{|A|}{|\Omega|} = \frac{3}{6} = \frac{1}{2}$$

另外，前提是各樣本點的機率皆相同才會成立。

事件 A 發生的機率寫成 P（A），讀作 A 的機率。機率的英文拼寫為 probability，故取其字首 P 為代表。P（A）值的範圍會落在 0 跟 1 之間。

而且，事件 A 的發生機率可透過如下公式求得

$$P（A）= \frac{事件 A 的樣本點個數}{必然事件的樣本點個數}$$

另外，事件 A 的樣本點個數寫作|A|，

念作「A bar」。

以擲骰 1 次為例，樣本空間 Ω＝{1, 2, 3, 4, 5, 6}。必然事件的樣本點個數（|Ω|）有 6 個。假設事件 A 為「出現奇數點」，則事件 A＝{1, 3, 5}。此樣本點個數為|A|＝3。

因此，$P（A）= \frac{|A|}{|Ω|} = \frac{3}{6}$

約分後答案為 $\frac{1}{2}$。

普通事件的機率求法

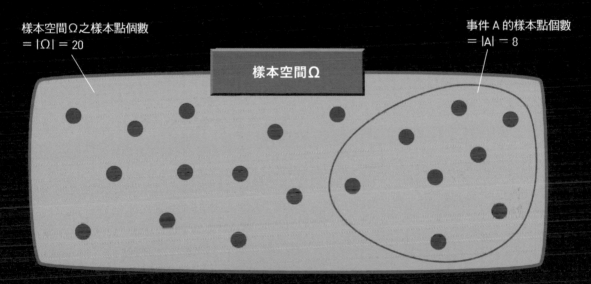

樣本空間 Ω 之樣本點個數
＝|Ω|＝20

樣本空間 Ω

事件 A 的樣本點個數
＝|A|＝8

事件 A 的機率

$$= \frac{事件 A 的樣本點個數 |A|}{必然事件的樣本點個數 |Ω|}$$

$$= \frac{8}{20} = \frac{2}{5}$$

Coffee Break

統計與機率
有何差異？

機率是「預測未來」，統計是「現狀分析」。國、高中數學都會同時學到統計與機率，很容易就混淆在一起。統計與機率兩者到底是哪裡不一樣呢？

統計是用數值化分析來調查現實世界上實際發生的事情，或是檢視真實生活中人們的行為和特性等，將其數值化和數據化，並從中取得結論的學問。例如各國舉辦的各種調查和報紙媒體上進行的民意調查、電視收視率、問卷調查的結果等。

另一方面，機率則是針對尚未發生之事，以數學計算來預測可能發生之機率。經典範例為計算骰子和輪盤上某數字出現的機率，不過也曾有預測下雨這種基於統計資料來計算機率的情形。

三顆骰子的點數和最容易出現幾點？

賭客的經驗法則是否正確？

機率論誕生自賭博。17世紀當時的賭客對擲三顆骰子所出現的點數和問題，傷透了腦筋。點數和為9的組合有6種，而點數和為10的組合也有6種，組合數相同（如下圖）。但依賭客的經驗，似乎10點比9點還常出現。

解開這個疑問的是義大利著名科學家伽利略（Galilei Galileo，1564～1642）。伽利略發現，應該要把三顆骰子分別視為不同的骰子。

三顆骰子點數和的組合
若不將三顆骰子視為不同骰子的話，點數和為9點的組合有6種，10點也是6種。但是，17世紀的賭客們憑著經驗，覺得10點比9點較常出現。

三顆骰子點數和為9點的組合

共6種

＝

共6種

三顆骰子點數和為10點的組合

為簡化說明，首先我們先考慮二顆骰子的點數和出現 2 點跟出現 3 點的情況。數字的組合方面，出現 2 點的會有（1，1），出現 3 點的會有（1，2），兩者皆為 1 種。但是，一旦將二顆骰子視為不同的 A 骰跟 B 骰時，會發現出現 2 點的情況只有「A 為 1，B 為 1」這 1 種形式而已，但相對地，出現 3 點的會有「A 為 2，B 為 1」及「A 為 1，B 為 2」共 2 種形式。

二顆骰子點數和為 2 點的情況

組合有 1 種。當視為二顆不同骰子時（排列※）也是 1 種。

※ 排列會於下頁詳細說明

二顆骰子點數和為 3 點的情況

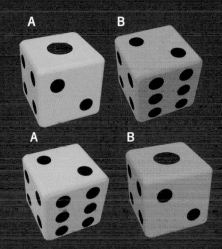

組合有 1 種。當視為二顆不同骰子時（排列）則為 2 種。

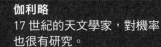

伽利略
17 世紀的天文學家，對機率也很有研究。

「排列」與「組合」的差異

依狀況改變算法非常重要

三顆骰子的點數和為 9 的情況有25種

下圖為三顆骰子點數和為 9 的示意圖。不將上半部的三顆骰子視為不同骰子來考慮時，會認為有 6 種「組合」。但實際上，必須套用將三顆骰子視為不同骰子的「排列」觀念，這種情況共有 25 種排列方式。

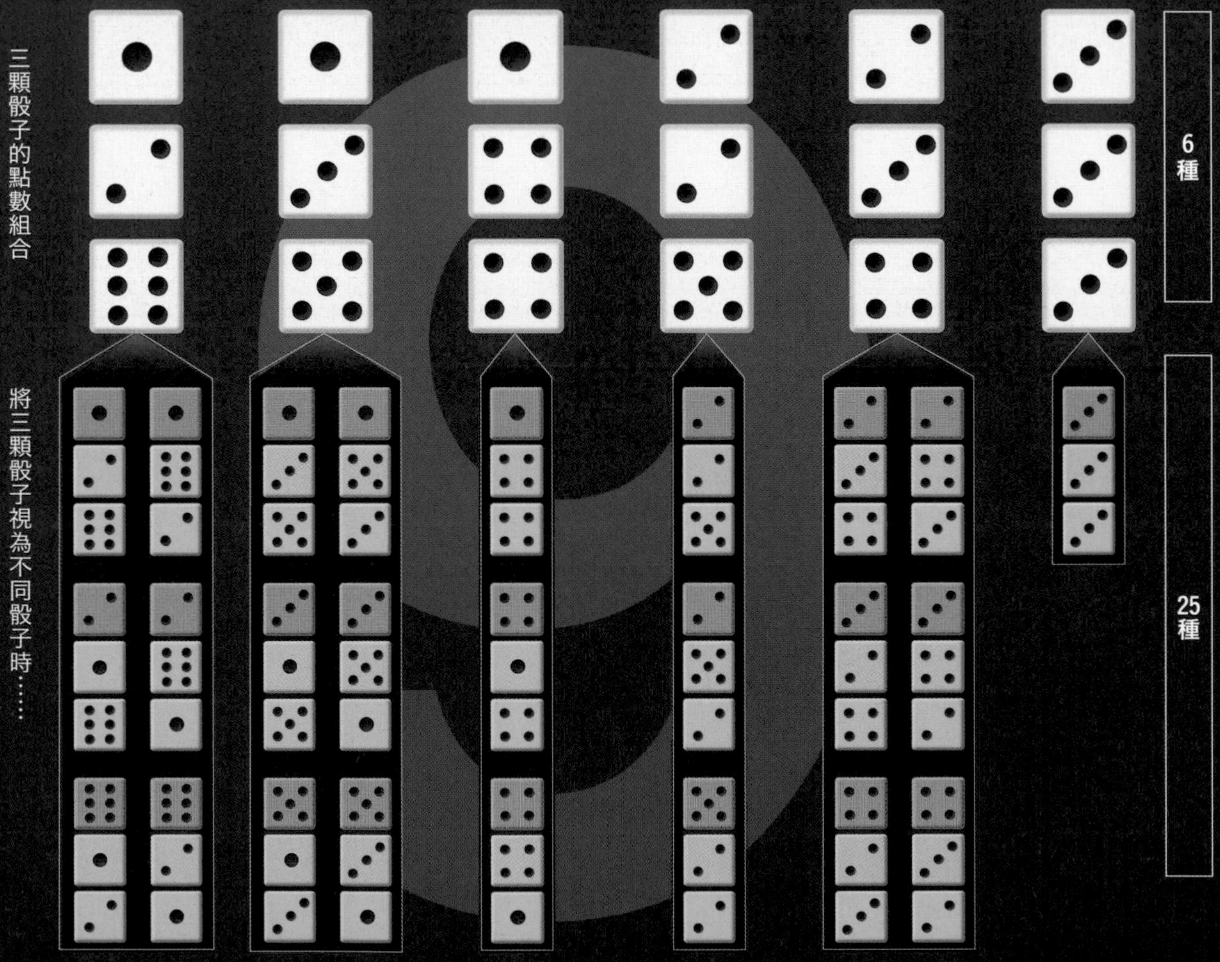

三顆骰子的點數組合

將三顆骰子視為不同骰子時⋯⋯

6 種

25 種

這次要將三顆骰子「視為不同骰子」來考慮。

點數和為 9 的（1，2，6）組合中，還另有（1，6，2）、（2，1，6）、（2，6，1）、（6，1，2）、（6，2，1）等形式，一共有 6 種，而（3，3，3）的組合只有 1 種形式而已。像這樣區分開來計算時，點數和為 9 的有25種，點數和為10的有27種。意即10點比較常出現。

這就是「排列」（permutation）與「組合」（combination）的差異。排列是指列出 1、2、6 等 3 個數字時，要考慮它們的順序。而組合是指不考慮順序的思維方式。要計算機率的時候，一定要依狀況判斷，並謹慎想清楚該使用排列或組合才對。

點數和為 10 點的情況有 27 種

下圖為三顆骰子點數和出現10的示意圖。如上半段所示，不將三顆骰子視為不同骰子時，點數和為10點的「組合」有 6 種，但將三顆骰子視為不同骰子時，如下半段所示，共有27種，多於點數和為 9 的組合。故賭客覺得10點比較容易出現的經驗法則是正確的。

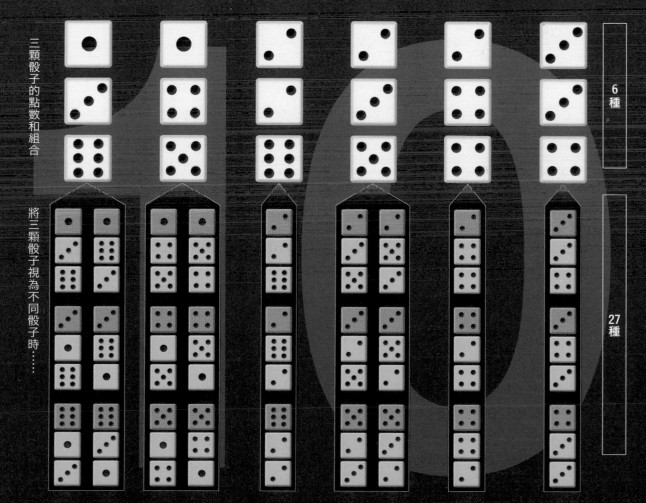

三顆骰子的點數和組合

6 種

將三顆骰子視為不同骰子時……

27 種

要如何輕鬆算出
所有排列總數？

使用「樹狀圖」計算求解

使用樹狀圖畫出三顆骰子的點數排列情況時……

以下使用樹狀圖繪出投擲三顆骰子且一顆骰子出現 1 點時，其他骰子點數
的排列情況。若要用樹狀圖逐一算出骰子出現 2〜5 點的個數，還必須再畫
五個相同的圖，非常耗費時間。遇到求解機率問題時，樹狀圖在整理思緒方
面非常有用。不過若能不用樹狀圖就能解題，該方法應該會更快。

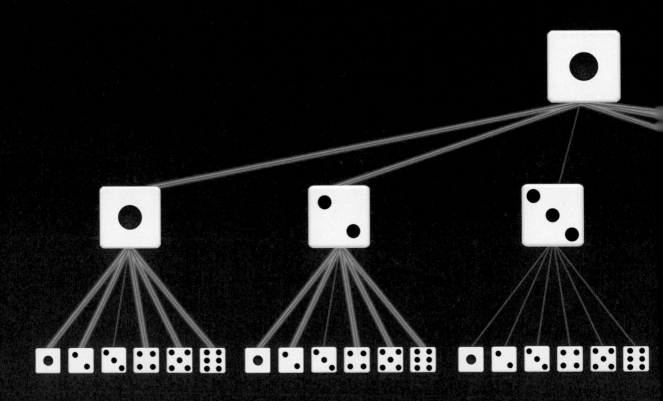

擲出 3 顆骰子，沒有任何一顆出現 3 點的機率有多少？

要解這道問題，可使用「樹狀圖」（tree diagram）列出所排列的個數。下方樹狀圖顯示三顆骰子中，一顆骰子出現「1 點」的排列個數。同時也畫出一顆骰子出現「2～5 點」排列個數的樹狀圖，只要數出該排列個數的總數，就會得到解答了。

但是，要畫出所有的可能性會很麻煩，所以我們用數學計算求解。三顆骰子分別都有可能會出現 1～6 點，共 6 種點數，所以全部共有 6×6×6 = 216 種情況（樣本點的個數）。而「沒有任何一顆骰子出現 3 點」的情況，是出現除了 3 點以外的其他 5 種點數，所以共有 5×5×5 = 125。於是沒有任何一顆骰子出現 3 點的機率為 $\frac{125}{216}$ ≒ 57.9%。

9名選手共有多少種打序組合？

假設 1 天打 1 場，必須要花將近 1000 年

假設要決定 9 名棒球選手的打擊順序，並將所有可能的打擊順序都試過，再排定最適當的打擊順序時，要花多少天才能試遍所有的打擊順序？

答案居然是 36 萬 2880 天。大約要花 994 年的時間。首先，有 9 人來排打擊順序，第 1 棒打者的人選有 9 種，第 2 棒的人選剩下 8 種，第 3 棒的人選剩下 7 種……因此，會有 $9 \times 8 \times 7 \times 6 \times 5 \times 4 \times 3 \times 2 \times 1 = 36$ 萬 2880 種打擊順序。將其除以 365 天的話，大約要花 994 年。

從 n 個物品中依序選出 r 人的排序方式總數（排列），以符號 $_nP_r$ 來表示。上述情況，可寫作 $_9P_9$，並可由右頁公式算出 36 萬 2880。

此外，從 n 人中選出 r 人時的組合總數，以符號 $_nC_r$ 表示。它跟排列的差異在於不考慮順序，所以上述情況的 $_9C_9$，答案為 1。

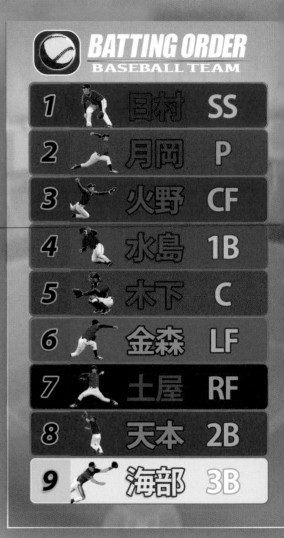

BATTING ORDER
BASEBALL TEAM

1	日村	SS
2	月岡	P
3	火野	CF
4	水島	1B
5	木下	C
6	金森	LF
7	土屋	RF
8	天本	2B
9	海部	3B

排列的公式

$$_n\mathrm{P}_r = \frac{n!}{(n-r)!}$$

從 n 個物品中依序選出 r 個時，其排序方式的總數稱為「排列」，公式如上所示。！是代表階乘的符號，例如 $5! = 5\times4\times3\times2\times1$。但是，$0!$ 不是 0，而是定義為 1。

組合的公式

$$_n\mathrm{C}_r = \frac{n!}{r!\,(n-r)!}$$

從 n 個物品中選出 r 個時的組合總數稱為「組合」，公式如上所示。它和排列不同，不需考慮順序。

撲克牌的排列方式多到超乎想像

撲克牌除了鬼牌之外,共有52張,其排列方式全部共有幾種呢?

答案是52!(＝52×51×50×……×1)種,計算出來會是68位數的數字。

用第12～17頁講解的「排列」觀念來解題的話,考慮從數張撲克牌中每次選取1張,並按順序排列下去。第1張的選法有52種,第2張剩下51張可選,所以最一開始的2張排列方式有52×51種。第3張會從50張撲克牌中選取,所以最初的3張排列方式會有52×51×50種。考慮全部52張牌時,就會變成52!種。若使用排列的公式 $_nP_r = \frac{n!}{(n-r)!}$,因為 $n = 52$,$r = 52$,$\frac{52!}{0!} = 52!$(其中 $0! = 1$)。

52!這個數字(68位數)究竟有多大呢?一般認為宇宙的年齡約為138億年,這只是個11位數的數字,完全比不上52!。將138億年的時間扣除潤年再大概換算成「秒」時,會得到138億年×365天×24小時×60分×60秒＝435196800000000000秒(18位數),這樣還是比不上52!,68位數真是大得無法想像。由此可知,

徹底洗牌的撲克牌要排出完全按照順序排列的機率是無限小的。

來討論一個不現實的假設性話題,假設自宇宙誕生以來,100億個人按照1秒內排一張撲克牌的節奏一直排下去。此時產生的撲克牌排列方式為剛才的435196800000000000乘以100億人,共28位數,到頭來還是遠比不上68位數。

因為沒有人實驗過,不知道實際的情況到底如何,不過人類史上,在徹底洗牌後應該還沒有排出過排列順序完全相同的撲克牌吧。

52張撲克牌的排列方式共有幾種？

共52! 種
（約8×10的67次方）

要如何公平地歸還賭金？

機率論確實因賭博而建立

在 17 世紀時，某位貴族有賭博方面的疑問，便找了法國著名的學者帕斯卡（Blaise Pascal，1623 ～ 1662）討論，於是帕斯卡跟權威數學家費馬（Pierre de Fermat，1607 ～ 1665）以書信討論並解決了這些問題。

貴族的問題是：「A 跟 B 二人講好，先賭贏 3 次的人獲勝。若賭局中止在 A 已 2 勝，B 已 1 勝的時候，則要分別歸還給 A、B 多少賭金才公平？」

帕斯卡與費馬假設繼續進行賭局的勝負情況。第 4 回合 A 的勝率為 $\frac{1}{2}$。而且，第 4 回合 B 勝而第 5 回合 A 勝的機率為 $\frac{1}{2} \times \frac{1}{2} = \frac{1}{4}$。因此 A 先贏 3 次的機率為上述情況相加，為 $\frac{1}{2} + \frac{1}{4} = \frac{3}{4}$。另一方面，B 要先贏 3 次的情況只有第 4 回合跟第 5 回合皆贏才行，所以機率為 $\frac{1}{2} \times \frac{1}{2} = \frac{1}{4}$。

帕斯卡
17 世紀的數學家。在物理和哲學等方面多有研究，在物理領域中，會在氣壓單位上看見他的名字。此外，他也以哲學家的身份說了句名言「人是會思考的蘆葦」。

費馬
17 世紀的數學家。除了機率論，他還活躍於數論、幾何學等領域。「費馬最後定理」多年來無人能予證明（據說費馬自己已得證，但未經證實），後於 1994 年獲懷爾斯證明成立。

第4回合之後的勝負分析

白色圓形代表A獲勝，黑色圓形代表B獲勝，而A跟B每1回合的勝率皆為 $\frac{1}{2}$。假如繼續進行第4回合之後的賭局並考慮A跟B的勝負情況。A率先贏3次的機率為 $\frac{3}{4}$，B率先贏3次的機率為 $\frac{1}{4}$，可知賭局終止在A方比B方有利3倍的狀況。

乘法原理與加法原理

如同擲骰1次、2次……，持續擲下去一樣，不會互相影響機率的事情（獨立事件）連續發生時的機率，能用每個事情發生的機率相乘求出，這就是所謂的「乘法原理」。

此外，要計算不會同時發生的事情（互斥事件）之機率，可單純地將個別機率加總求得，這就是所謂的「加法原理」。乘法原理及加法原理都是在思考機率上非常重要的觀念。

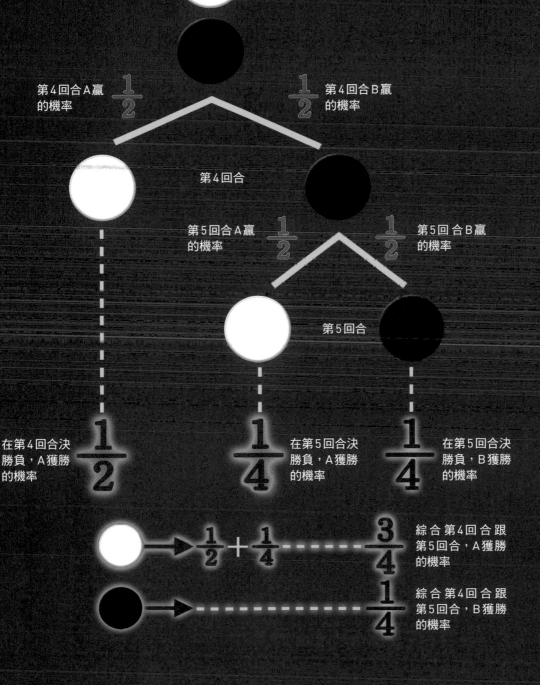

第4回合A贏的機率 $\frac{1}{2}$　　第4回合B贏的機率 $\frac{1}{2}$

第4回合

第5回合A贏的機率 $\frac{1}{2}$　　第5回合B贏的機率 $\frac{1}{2}$

第5回合

在第4回合決勝負，A獲勝的機率 $\frac{1}{2}$

在第5回合決勝負，A獲勝的機率 $\frac{1}{4}$

在第5回合決勝負，B獲勝的機率 $\frac{1}{4}$

$\frac{1}{2} + \frac{1}{4}$ ------- $\frac{3}{4}$ 綜合第4回合跟第5回合，A獲勝的機率

$\frac{1}{4}$ 綜合第4回合跟第5回合，B獲勝的機率

來計算複雜一點的機率

即使題目較難，觀念仍不變

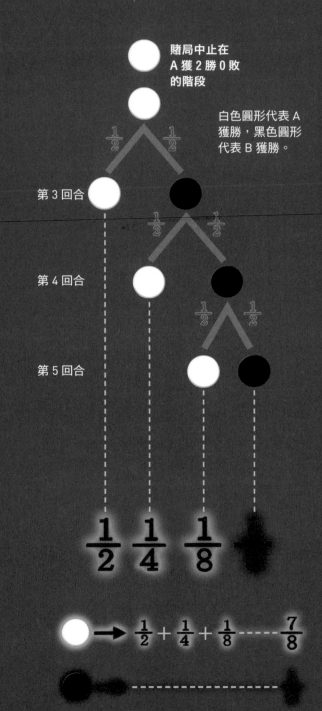

賭局中止在
A獲2勝0敗
的階段

白色圓形代表 A
獲勝，黑色圓形
代表 B 獲勝。

第 3 回合

第 4 回合

第 5 回合

$$\frac{1}{2} \quad \frac{1}{4} \quad \frac{1}{8}$$

○ ➡ $\frac{1}{2}+\frac{1}{4}+\frac{1}{8}$ ----- $\frac{7}{8}$

承前頁「如何公平地歸還賭金」的問題，分別計算 A 於 2 勝 0 敗的階段中止賭局，以及 A 於 1 勝 0 敗階段中止賭局時各須要歸還多少賭金。

首先，賭局中止在 A 獲 2 勝 0 敗的階段，A 在第三回合的勝率為 $\frac{1}{2}$，第 3 回合 B 勝而第 4 回合 A 勝的機率為 $\frac{1}{2}\times\frac{1}{2}=\frac{1}{4}$，第三回合跟第四回合皆 B 獲勝，而第五回合 A 勝的機率為 $\frac{1}{2}\times\frac{1}{2}\times\frac{1}{2}=\frac{1}{8}$。因此這場賭局，A 的勝率為上述情況相加，為 $\frac{1}{2}+\frac{1}{4}+\frac{1}{8}=\frac{7}{8}$。

另一方面，B 要率先獲勝只能贏得第 3、4、5 所有回合才行，所以機率為 $\frac{1}{2}\times\frac{1}{2}\times\frac{1}{2}=\frac{1}{8}$。因此二人的賭金按 7：1 的比例歸還即可。

賭局中止在 A 獲 1 勝 0 敗的階段，只要用同樣的方法計算，就會求得 A 的勝率為 $\frac{11}{16}$（如右頁所示）。因此，此時二人的賭金要按 11：5 的比例歸還才公平。

賭局中止在 A 獲 2 勝 0 敗的階段（左頁）
　　實際上未進行的第 3、4、5 回合的賭局若舉行，求 A、B 的勝率。於是，就會求得 A 的勝率為 $\frac{7}{8}$，B 的勝率為 $\frac{1}{8}$。因此，賭金要以 7：1 的比例歸還給 A 跟 B 才公平。

賭局中止在 A 獲 1 勝 0 敗的階段（下圖）
實際上自第 2 回合之後的賭局並未進行，若有舉行，求 A、B 的勝率。答案是 A 的勝率為 $\frac{11}{16}$，B 的勝率為 $\frac{5}{16}$。因此，賭金要以 11：5 的比例歸還給 A 跟 B 才公平。

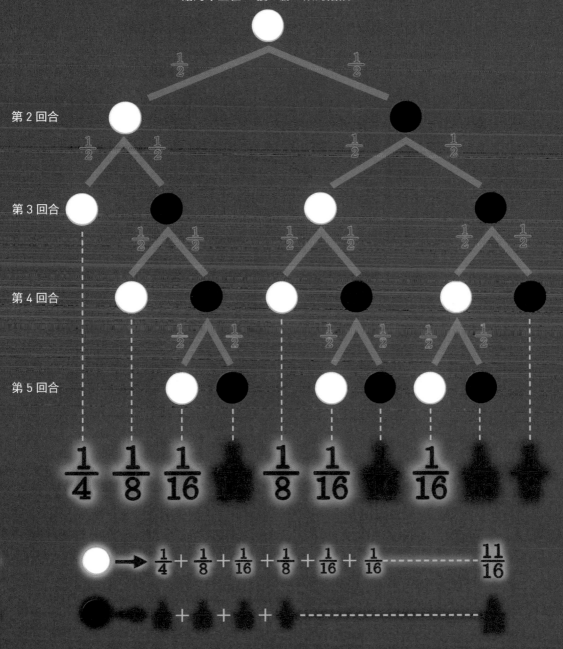

賭局中止在 A 獲 1 勝 0 敗的階段

第幾個抽扭蛋比較有利？

先抽跟後抽的機率皆同

販賣機裡裝有100顆扭蛋。只有1顆扭蛋會中獎，剩下的都是銘謝惠顧。100個抽獎者每人抽1次時，先抽者會比較有利，還是後抽者才比較有利？

其實，不管排第幾個去抽，中獎的機率都一樣是 $\frac{1}{100}$。這個現象被稱為「抽籤的公平性」(the fair lottery)。

首先來算第1個人中獎的機率，100人中只有1個會中獎，所以機率為 $\frac{1}{100}$。

接著計算第2個人中獎的機率，思路是第1個人在100顆扭蛋中有99個機會抽到銘謝惠顧，而第2個人是從99顆扭蛋中抽出，所以為 $\frac{99}{100} \times \frac{1}{99} = \frac{1}{100}$（此處使用了乘法原理）。計算第3個人中獎的機率，則為 $\frac{99}{100} \times \frac{98}{99} \times \frac{1}{98} = \frac{1}{100}$。故得知，如此繼續計算下去，不論第幾個人來抽，中獎的機率都是 $\frac{1}{100}$。

乘法原理

假設 A 發生的機率（例如，第1個人抽到銘謝惠顧的機率）為 a，B 發生的機率（例如，第2個人中獎的機率）為 b。此時，A 跟 B 同時發生的機率（第1個人抽到銘謝惠顧且第2個人中獎的機率）可用 a 跟 b 的乘法（積）來求得（例如 $\frac{99}{100} \times \frac{1}{99} = \frac{1}{100}$）。這就是所謂的「乘法原理」。

100顆扭蛋中，有1顆會中獎，99顆為銘謝惠顧

第1個人中獎的機率

$$= \frac{1}{100} = 1\%$$

第2個人中獎的機率

$$= \frac{99}{100} \times \frac{1}{99} = \frac{1}{100} = 1\%$$

第3個人中獎的機率

$$= \frac{99}{100} \times \frac{98}{99} \times \frac{1}{98} = \frac{1}{100} = 1\%$$

第4個人中獎的機率

$$= \frac{99}{100} \times \frac{98}{99} \times \frac{97}{98} \times \frac{1}{97} = \frac{1}{100} = 1\%$$

第1個人

第2個人

第3個人

第4個人

應屆考生考上大學的機率有多少？

只要運用「餘事件」的觀念就很容易解題

假設某位考生要參加六所大學的入學考試。假設這位考生要考上各大學的上榜率依序為 30％、30％、20％、20％、10％、10％。請問考生至少考上一所大學的機率有多少？

欲解這道題只要利用「餘事件」（complementary event）的觀念就能輕鬆解題。餘事件是指「所關注事件之外的所有事件」。例如「至少考上一所大學的機率」，是「所有大學都落榜」的餘事件。這個問題可用代表整體機率的 1（＝100％）減去所有大學都落榜機率的餘事件觀念來計算。

所有大學皆落榜的機率，等於各所大學落榜的機率相乘，約為 25.4％（如右圖）。其餘事件為至少考上一所大學的機率，即為 100％－25.4％＝約 74.6％。

運用餘事件的觀念解題

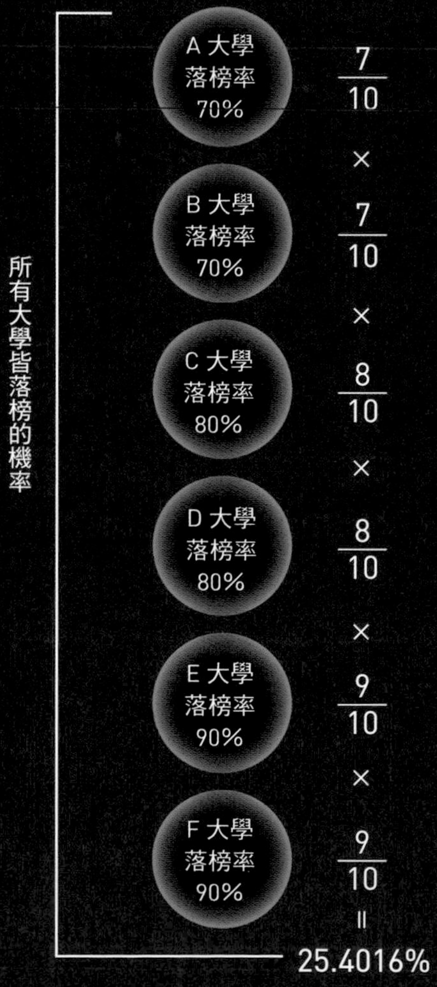

所有大學皆落榜的機率

A 大學落榜率 70%　$\dfrac{7}{10}$

×

B 大學落榜率 70%　$\dfrac{7}{10}$

×

C 大學落榜率 80%　$\dfrac{8}{10}$

×

D 大學落榜率 80%　$\dfrac{8}{10}$

×

E 大學落榜率 90%　$\dfrac{9}{10}$

×

F 大學落榜率 90%　$\dfrac{9}{10}$

＝

25.4016%

至少考上一所大學的機率
＝ 整體機率（100%）－所有大學皆落榜的機率

$$100\% - 25.4016\% = 74.5984\%$$

分別細算每種情況的算法

題外話，即使每所大學的上榜率都很低，但多考幾所的話，上榜的可能性還是會提高的。

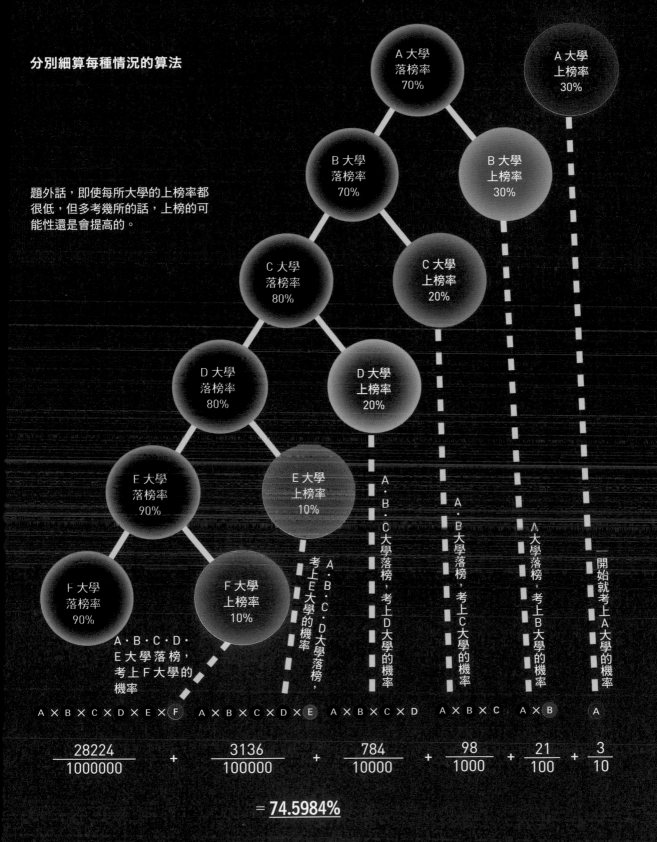

A 大學落榜率 70%

A 大學上榜率 30%

B 大學落榜率 70%

B 大學上榜率 30%

C 大學落榜率 80%

C 大學上榜率 20%

D 大學落榜率 80%

D 大學上榜率 20%

E 大學落榜率 90%

E 大學上榜率 10%

F 大學落榜率 90%

F 大學上榜率 10%

A・B・C・D・E 大學落榜，考上 F 大學的機率

A・B・C・D 大學落榜，考上 E 大學的機率

A・B・C 大學落榜，考上 D 大學的機率

A・B 大學落榜，考上 C 大學的機率

A 大學落榜，考上 B 大學的機率

一開始就考上 A 大學的機率

A × B × C × D × E × F · A × B × C × D × E · A × B × C × D · A × B × C · A × B · A

$$\frac{28224}{1000000} + \frac{3136}{100000} + \frac{784}{10000} + \frac{98}{1000} + \frac{21}{100} + \frac{3}{10}$$

$$= \underline{74.5984\%}$$

……只是，這種計算方法很複雜

抽卡手遊不保證中獎

不論再怎麼抽，手遊的籤數量也不會減少

智慧型手機的遊戲裡，有 1 款通稱為「抽卡手遊」的抽抽樂。原本假設抽中稀有卡牌的機率為 1%（ $=\frac{1}{100}$ ），跟第26～27頁談到的扭蛋一樣，抽100次就一定會抽中稀有卡牌嗎？

答案是否定的。抽卡手遊跟扭蛋不一樣，抽卡手遊即使抽了籤（抽了卡牌），籤的數量也不會減少，所以中獎率不會改變。

抽 1 次沒抽中的機率為 $\frac{99}{100}$ ，所以

出現機率 1% 的
稀有卡牌

出現機率很高的卡牌

GET!

SS

愛因斯坦博士

抽100次都沒抽中的機率為$\left(\frac{99}{100}\right)^{100}$≒0.366。意思是，即使重複抽卡100次，也有約36.6%的機率抽不到稀有卡牌。

反過來說，100次當中，至少會抽中 1 次的機率大概有多少呢？只要利用第28頁解釋的「餘事件」來計算，就會求得至少抽中 1 次的機率為1－0.366＝0.634。意即，中獎率1%的抽卡手遊即使重複抽100次，能獲得稀有卡片的的機率也不過只有

63.4%。 而且，不管抽多少次，中獎率都不會是 1（＝100%）。

抽卡手遊中，抽卡數與至少抽中 1 次的機率關係圖（紫色長條圖）

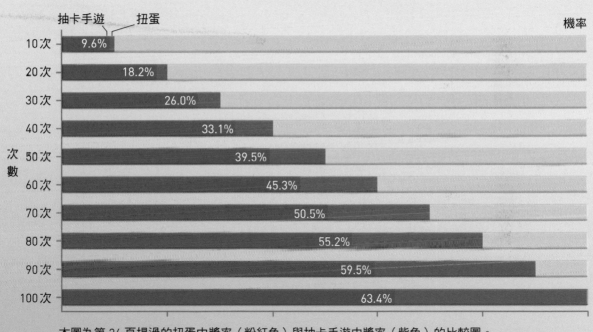

本圖為第 26 頁提過的扭蛋中獎率（粉紅色）與抽卡手遊中獎率（紫色）的比較圖。

雙方牌面數字都不相同
的機率為多少？

假設A小姐跟B先生2人各持A（1）到K（13）共13張撲克牌，分別洗牌後2人同時各出示1張牌。直到13張牌都出示完畢，2人出牌沒有1次數字相同的機率為幾%呢？

時值1708年，有一位法國數學家蒙莫爾（Pierre Rémond de Montmort，1678～1719）曾研究過這個問題，所以後來這就稱為「蒙莫爾的配對問題」。

這個問題非常棘手，曾令許多數學家傷透腦筋。於1740年左右，著名的瑞士數學家歐拉（Leonhard Euler，1707～1783）解決了這個問題。

以13張撲克牌的問題來說，A小姐的出牌方式共有13！（階乘，$13 \times 12 \times 11 \times \cdots\cdots \times 3 \times 2 \times 1$）＝62億2702萬800種。要考慮這當中所有出牌的牌面數字沒有1次和B先生相同的情況會有幾種，這個數量命名自蒙莫爾之名，稱為蒙莫爾數（de Montmort number），即所謂「錯位排列」。

因為n＝13時的錯位排列固定為22億9079萬2932，只要除以13！，就會得到該機率約為37%。其實，自撲克牌張數超過5張起，不論變成多少張，牌面數字沒有1次相同的機率都同樣是37%。

例如，將5個人帶來的禮物打亂順序之後重新分送時，成功交換禮物（每個人都沒有拿到自己帶來的禮物）的機率也約為37%。

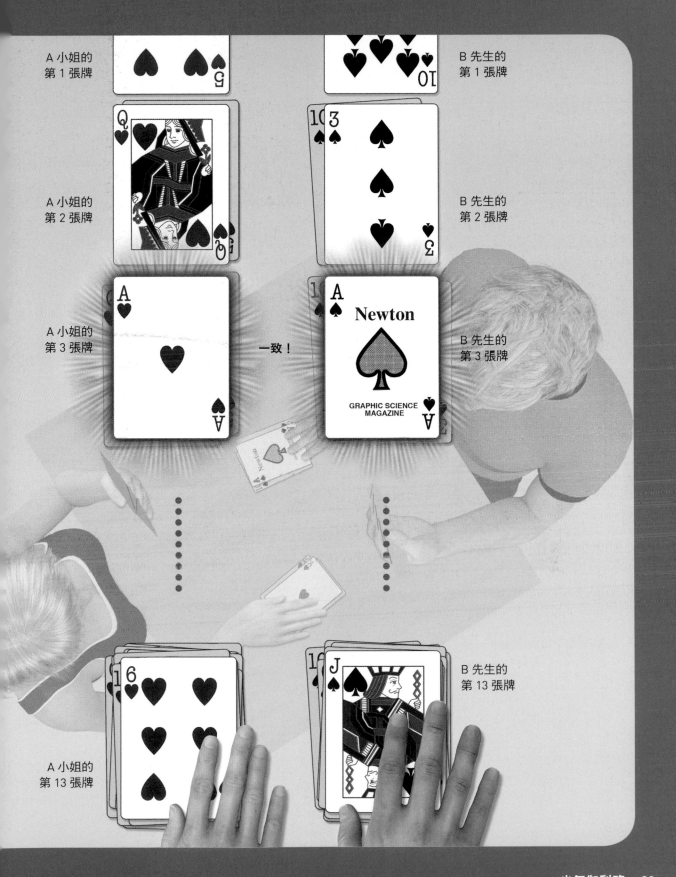

A 小姐的
第 1 張牌

A 小姐的
第 2 張牌

A 小姐的
第 3 張牌

一致！

A 小姐的
第 13 張牌

B 先生的
第 1 張牌

B 先生的
第 2 張牌

B 先生的
第 3 張牌

B 先生的
第 13 張牌

Newton

GRAPHIC SCIENCE
MAGAZINE

不能預測的事情可用「期望值」預測

抽取 1 張撲克牌時，您「預期」會抽到幾點呢？

隨機抽出 1 張牌
每張撲克牌各有不同的點數，隨機抽牌的期望值可以利用機率論來計算。

從 1 ～ 13 的撲克牌中，抽出的點數即為所得分數

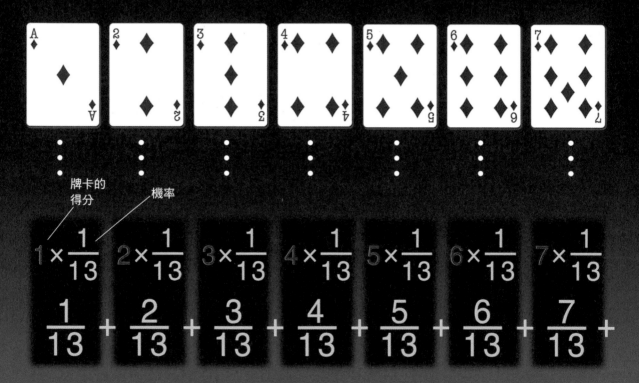

牌卡的得分　機率

$$1 \times \frac{1}{13} \quad 2 \times \frac{1}{13} \quad 3 \times \frac{1}{13} \quad 4 \times \frac{1}{13} \quad 5 \times \frac{1}{13} \quad 6 \times \frac{1}{13} \quad 7 \times \frac{1}{13}$$

$$\frac{1}{13} + \frac{2}{13} + \frac{3}{13} + \frac{4}{13} + \frac{5}{13} + \frac{6}{13} + \frac{7}{13} +$$

隨機從 1～13 點的方塊撲克牌抽取 1 張時，牌卡上的數字就是您的得分。您能預測出這場遊戲能得到幾分嗎？

雖然還沒玩之前不知道會抽到哪張牌，但只要利用機率就能預估得分。具體而言，（某張牌卡的點數）×（抽到此牌的機率），將所有抽到的牌經此計算並加總其結果即可。這樣算出來的答案代表從機率上期待的數值，稱為「期望值」（expection）。

現在來實際計算看看。會得到 1 分

$\times \frac{1}{13} + 2$ 分 $\times \frac{1}{13} + \cdots\cdots + 13$ 分 $\times \frac{1}{13} = 7$。期望值為 7 分。每次抽牌所得到的分數會不一樣，不過如果重複多玩幾次，得分就會愈來愈接近 7 分。

抽到 1 點的機率為 $\frac{1}{13}$，抽到 2 點的機率也是 $\frac{1}{13}$，其他 3～13 點也都是 $\frac{1}{13}$。因為 1 點 $\times \frac{1}{13}$ + 2 點 $\times \frac{1}{13}$ + $\cdots\cdots$ + 13 點 $\times \frac{1}{13}$ = 7，所以在這個遊戲規則下的期望值是 7 分。

$$8 \times \frac{1}{13} \quad 9 \times \frac{1}{13} \quad 10 \times \frac{1}{13} \quad 11 \times \frac{1}{13} \quad 12 \times \frac{1}{13} \quad 13 \times \frac{1}{13}$$

$$\frac{8}{13} + \frac{9}{13} + \frac{10}{13} + \frac{11}{13} + \frac{12}{13} + \frac{13}{13} = 7$$

期望值

即使遊戲規則很複雜，還是能計算期望值
以「得分×機率」的總和求得

即使遊戲規則變複雜，期望值的觀念仍不變

現在改變遊戲規則，假設撲克牌有 4 張 1，而 2～13 仍各 1 張，總計16張。若出現 1 會得15分，出現2～9的得分如同牌面點數，出現10～13代表得10分。考慮出現 1 點的牌卡獲得15分的機率為 $\frac{4}{16}$，所以是$15 \times \frac{4}{16}$。只要照這樣的計算方式算完13張牌卡的得分，再加總各別的期望值，就會求出全部的期望值為 9。

改變遊戲規則的情況

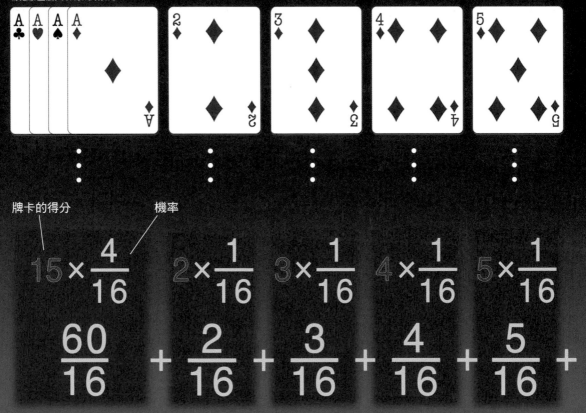

牌卡的得分　　　機率

$$15 \times \frac{4}{16} \qquad 2 \times \frac{1}{16} \qquad 3 \times \frac{1}{16} \qquad 4 \times \frac{1}{16} \qquad 5 \times \frac{1}{16}$$

$$\frac{60}{16} + \frac{2}{16} + \frac{3}{16} + \frac{4}{16} + \frac{5}{16} +$$

即 使前頁所述的遊戲規則變複雜，求期望值的方法仍不變。例如現在除了13張方塊牌，還加入牌面為 1 的紅心、黑桃、梅花各 1 張，共16張撲克牌。而且定義 1 代表得15分，2～9 的得分如同牌面點數，10～13代表得10分。請求出此時的期望值。

抽到 1 時會得15分，而選中1的機率為 $\frac{4}{16}$，所以15分 $\times \frac{4}{16} = \frac{60}{16}$，抽到 2 時會是 2 分 $\times \frac{1}{16} = \frac{2}{16}$，抽到10～13

時會是10分 $\times \frac{4}{16} = \frac{40}{16}$。只要像這樣計算後再將所有數值加總，就會求得期望值為 9 分。

期望值在考慮不能預側的事件損益方面，是一定要具備的觀念。自下頁起會以多種賭博案例更進一步說明期望值的求法。

$$6 \times \frac{1}{16} \quad 7 \times \frac{1}{16} \quad 8 \times \frac{1}{16} \quad 9 \times \frac{1}{16} \quad 10 \times \frac{4}{16}$$

期望值

$$\frac{6}{16} + \frac{7}{16} + \frac{8}{16} + \frac{9}{16} + \frac{40}{16} = 9$$

賭客總是賭輸的陷阱

賭場會將期望值設定在 100%以下

賭場的美式輪盤（roulette）上，有1～36的數字及「0」、「00」總共38個數字。1～36之中，有18個數字塗上紅色，18個塗上黑色，0跟00非紅也非黑。其中一種玩法是看輪盤的球停在紅色或黑色，賭中的話會得到2倍的賭金。

來計算一下此時的期望值。不論賭紅色或黑色，中獎率都是 $\frac{18}{38}$，又還有非紅也非黑的0跟00，機率會小於5成。而中獎時會得到2倍賭金，所以賭金的期望值比例為 $2 \times (\frac{18}{38}) = \frac{36}{38}$。因為期望值小於100%，故平均勝負是每賭1次會損失5.3%的賭金。其他玩法的期望值也會設定在100%以下，整體而言，無論怎麼玩，賭客都是輸家。

輪盤的盤面

寫於盤面上的數字

放置賭金代表要賭的
顏色或數字（配置表）

輪盤的遊戲規則

輪盤是一個圓形的盤面，被 1～36 的數字及「0」、「00」共 38 個數字均分，玩法是將小球放入盤中，並預測小球會落在哪個位置上。預測小球的玩法有非常多種，例如選一個數字，或是選擇偶數或奇數等，開局之前講好即可。參加賭局的人在賭局開盤之前要將賭金（實際上不是用現金，會是用現金換購的「籌碼」）置於配置表上，代表要賭哪個數字。

大數法則很有效！

在賭場上，有些賭客很幸運，幾乎是每賭必贏，不過這時的關鍵點在於「大數法則」。由於大部分賭客會參加很多場賭局，所以整體平均來看的話，莊家還是會賺到接近當初設定好的金額收入。

輪盤的期望值一覽表

賭法	賭法說明	倍率	機率	計算期望值	期望值（換算成百分比）
賭紅色或黑色	18 個紅色或 18 個黑色	2 倍	$\frac{18}{38}$	$\frac{18}{38} \times 2 = \frac{36}{38}$	**94.7%**
賭前半部數字或後半部數字	1～36 中，前 18 個數字或後 18 個數字	2 倍	$\frac{18}{38}$	$\frac{18}{38} \times 2 = \frac{36}{38}$	**94.7%**
賭偶數或奇數	18 個偶數或 18 個奇數（0 跟 00 不算在內）	2 倍	$\frac{18}{38}$	$\frac{18}{38} \times 2 = \frac{36}{38}$	**94.7%**
賭 12 個數字（縱列）	將賭金置於盤面（配置表）縱列的 12 個數字	3 倍	$\frac{12}{38}$	$\frac{12}{38} \times 3 = \frac{36}{38}$	**94.7%**
賭 12 個數字（小、中、大）	1～12 或 13～24 或 25～36	3 倍	$\frac{12}{38}$	$\frac{12}{38} \times 3 = \frac{36}{38}$	**94.7%**
賭 6 個數字	配置表上，下注橫列 3 個數字的上下 2 排（共 6 個數字）	6 倍	$\frac{6}{38}$	$\frac{6}{38} \times 6 = \frac{36}{38}$	**94.7%**
賭 5 個數字	0 跟 00、1、2、3（僅限這 5 個數字）	7 倍	$\frac{5}{38}$	$\frac{5}{38} \times 7 = \frac{35}{38}$	**92.1%**
賭 4 個數字	配置表上下連續的 4 個數字	9 倍	$\frac{4}{38}$	$\frac{4}{38} \times 9 = \frac{36}{38}$	**94.7%**
賭 3 個數字	配置表橫列的 3 個數字	12 倍	$\frac{3}{38}$	$\frac{3}{38} \times 12 = \frac{36}{38}$	**94.7%**
賭 2 個數字	配置表相鄰的 2 個數字	18 倍	$\frac{2}{38}$	$\frac{2}{38} \times 18 = \frac{36}{38}$	**94.7%**
賭 1 個數字	含 0 跟 00 共 38 個數字的其中 1 個	36 倍	$\frac{1}{38}$	$\frac{1}{38} \times 36 = \frac{36}{38}$	**94.7%**

日本大樂透的期望值為多少？

「連號彩券」跟「散號彩券」的期望值相同

很可惜的是，世界上幾乎所有賭博跟抽獎都對賭客方不利。例如接下來要討論的日本大樂透，每張售價300日圓，但1張彩券的期望值不到150日圓。

那麼，日本大樂透的連號彩券跟散號彩券哪個期望值比較高呢？「1套連號彩券（10張）」是組別相同，號碼連續（個位數從 0 到 9）的10張彩券。另一方面，「1套散號彩券（10張）」是所有組別各異，不連號（個

	獎金（日圓）	1個單位的中獎注數	機率	獎金×機率
頭獎	7億日圓	1	0.00000005	35日圓
前後頭獎（前1號）	1億5000萬日圓	1	0.00000005	7.5日圓
前後頭獎（後1號）	1億5000萬日圓	1	0.00000005	7.5日圓
頭獎錯組獎※	10萬日圓	199	0.00000995	0.995日圓
2獎	1000萬日圓	3	0.00000015	1.5日圓
3獎	100萬日圓	100	0.000005	5日圓
4獎	10萬日圓	4000	0.0002	20日圓
5獎	1萬日圓	20000	0.001	10日圓
6獎	3000日圓	200000	0.01	30日圓
7獎	300日圓	2000000	0.1	30日圓
銘謝惠顧	0日圓	17775695	0.88878475	0日圓
總計	—	2000萬注	1	147.495日圓

※ 這種樂透模式為每組個別開獎，若中獎的號碼為別組的頭獎，即稱頭獎錯組獎，金額跟頭獎相差千倍。

樂透的期望值為多少？

上表顯示 2018 年底日本大樂透各獎項的獎金和機率。1～200 組各有 10 萬種彩券，總計有 2000 萬張，稱為「1 個單位」。購買 1 張（300 日圓）的獎金期望值大約為 147.5 日圓。

位數從 0 到 9）的10張彩券。

　　這裡我們不做詳細的計算，不過其實兩者的期望值皆同。只是獲得 1 億 5000萬日圓以上高額獎金的機率會不一樣。散號彩券會高出2.5倍之多。買散號可說是放棄頭獎加上前後頭獎的「贏者全拿」，取而代之的是，將中獎機率提高在任一高額獎金的購買方法。

何謂「10 張連號彩券」？

「1 套連號彩券（10 張）」是組別相同，號碼連續（個位數從 0 到 9）的 10 張彩券。

何謂「10 張散號彩券」？

「1 套散號彩券（10 張）」是所有組別各異，不連號（個位數從 0 到 9）的 10 張彩券。

不論是 10 張連號彩券還是 10 張散號彩券，期望值都差不多約為 1475 日圓。只不過在計算到「前後頭獎（1 億 5000 萬）」以上高額獎金的中獎機率時，會發現連號彩券的機率為「1000 萬分之 6」，而散號彩券為「1000 萬分之 15」，比連號彩券高出 2.5 倍。如果目標是 10 億日圓的話建議買連號彩券，目標是 1 億 5000 萬日圓的話建議買散號彩券。

買20次享有1次全額退款很優惠嗎？

退款額的期望值跟5%回饋相同

假設只要在促銷活動上消費，購買20次就享有1次全額退款的機會。這真的有那麼划算嗎？我們來實際計算看看！

假設某位參加者消費 5 萬日圓 1 次。20次中有 1 次全額退款時，期望值是「5 萬日圓 $\times \frac{1}{20}$ ＋0 圓 $\times \frac{19}{20}$ ＝ 2500 日圓」。而 5%回饋的期望值為「5 萬日圓 $\times \frac{5}{100} \times 1 =$ 2500 日圓」，所以參加者獲得退款的期望值跟常見的 5%回饋活動相同。

少數的中獎者

全額退款

感謝您的購買

「全額退款」與「全面一律回饋」的比較
比較20次中有 1 次會全額退款的電子貨幣促銷活動，與全面5%回饋促銷活動。其實兩者的期望值是一樣的，但給參加者的印象似乎有很大的差別。

20次中享 1 次的全額退款
以消費 5 萬日圓的情況來說，退款額的期望值為「5 萬日圓 $\times \frac{1}{20}$ ＋ 0 日圓 $\times \frac{19}{20}$ ＝ 2500 日圓」

從這個現象可知，期望值雖然是人們為了加強判斷力所發明的一項指標，但也並非萬能。

從舉辦促銷活動的企業方角度來說，雖然有可能銷售次數少卻退款高於期望值的狀況，不過只要次數愈多，實際上企業方支付的退款額應該會非常接近期望值（消費總額的 $\frac{1}{20}$，即5％），即大數法則。於是這筆金額就跟5％回饋完全一樣。

全面享有5％回饋
以消費 5 萬日圓的情況來說，退款額的期望值為「5 萬日圓 × $\frac{5}{100}$ × 1 ＝ 2500 日圓」

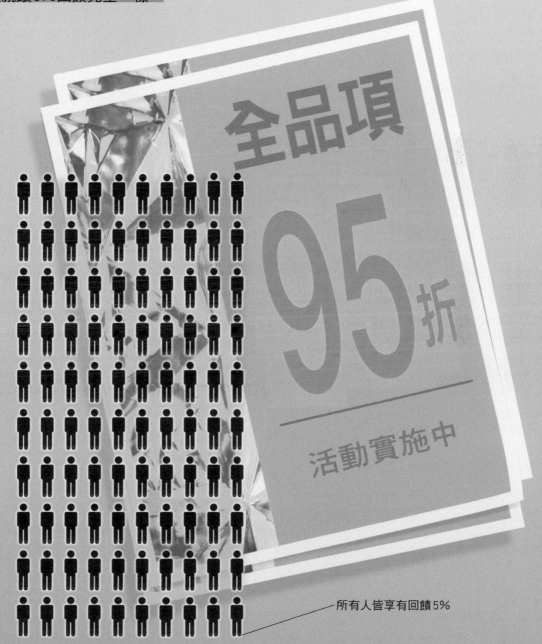

所有人皆享有回饋5％

日本星彩彩券
有必中法嗎？

不可能提高中獎機率，
不過……

日本 3 星彩（NUMBER3，選 3 個喜歡的數字）

玩法	玩法說明	中獎機率	理論上的中獎金額
正彩	3 個數字的排列順序完全相同	1/1000	9 萬日圓
組彩	3 個數字相同即可， 不論順序	（例：123）3/500 （例：112）3/1000	1 萬 5000 日圓 3 萬日圓
組合	若正彩或組彩中獎則獎金減半	（例：123）正彩：1/1000 （例：112）正彩：1/1000 （例：123）組彩：1/200 （例：112）組彩：1/500	5 萬 2500 日圓 6 萬日圓 7500 日圓 1 萬 5000 日圓
迷你	後 2 位數字排列順序完全相同	1/100	9000 日圓

日本 4 星彩（NUMBER4，選 4 個喜歡的數字）

玩法	玩法說明	中獎機率	理論上的中獎金額
正彩	4 個數字的排列順序完全相同	1/10000	90 萬日圓
組彩	4 個數字相同即可， 不論順序	（例：1234）3/1250 （例：1123）3/2500 （例：1122）3/5000 （例：1112）1/2500	3 萬 7500 日圓 7 萬 5000 日圓 15 萬日圓 22 萬 5000 日圓
組合	若正彩或組彩中獎則獎金減半	（例：1234）正彩：1/10000 （例：1123）正彩：1/10000 （例：1122）正彩：1/10000 （例：1112）正彩：1/10000 （例：1234）組彩：23/10000 （例：1123）組彩：11/10000 （例：1122）組彩：1/2000 （例：1112）組彩：3/10000	46 萬 8700 日圓 48 萬 7500 日圓 52 萬 5000 日圓 56 萬 2500 日圓 1 萬 8700 日圓 3 萬 7500 日圓 7 萬 5000 日圓 11 萬 2500 日圓

本星彩彩券（NUMBERS）是從3位數或4位數的數字中任選1個數字的樂透。若選擇的數字跟開獎號碼相同，就會獲得獎金（遊戲規則請詳見左頁下方）。獎金總額固定為總銷售額的45%，會按中獎人數平分獎金，即為最後的中獎金額。

問題來了，在這種遊戲規則下，有必中法嗎？首先，一張彩券 200 日圓，期望值是 90 日圓（45%），跟其他種的樂透一樣，對消費者是很不利的局面。而且開獎號碼是隨機選出，不會有特別「容易出現的數字」。

不過，若知道其他人比較不常選的號碼，反而去選那些號碼的話，中獎金額便會提高一些。例如，如果很多人會選自己生日，那就選非日期的數字比較好。

日本3星彩各數字出現的頻率

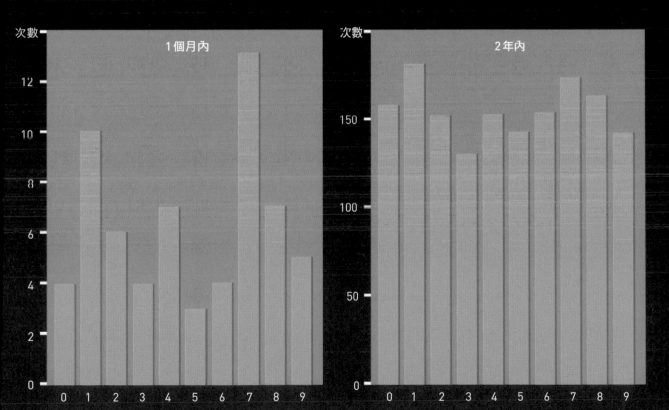

各數字的出現頻率若只看單月，會有很大的差異，但是以2年的時間來看，差異就會變少。理論上不存在所謂容易出現的數字。

有可預期會獲勝的賭博？

基本上期望值都低於賭金的100%

樂透6

從1～43的數字中簽選6個數字。發生累積獎金時，最高獎金可達6億日圓（平時頭獎最高2億日圓）。一張彩券200日圓。

獎項	中獎條件	中獎率
頭獎	6個簽選號碼完全同於開獎號碼	1/6096454
2獎	6個簽選號碼中有5個同於開獎號碼，剩下的1個號碼要同於特別號	6/6096454
3獎	6個簽選號碼中有5個同於開獎號碼	216/6096454
4獎	6個簽選號碼中有4個同於開獎號碼	9990/6096454
5獎	6個簽選號碼中有3個同於開獎號碼	155400/6096454

toto

下注所選的13場足球比賽中，各隊伍在90分鐘內的「輸」、「贏」或「其他」（平手或延長賽）。發生累積獎金時，最高獎金可達5億日圓（平時頭獎最高1億日圓），獎金會因銷售額跟中獎人數而變動。1張100日圓。

	中獎類型	中獎率（理論值）	獎金（分配比例）
頭獎	全都賭中	約1/1600000	70%
2獎	只有1場沒中	約1/60000	15%
3獎	只有2場沒中	約1/5000	15%

迷你樂透

從1～31的數字中簽選5個數字。不會累積獎金。頭獎獎金約1000萬日圓（理論值）。一張彩券200日圓。

獎項	中獎條件	中獎率
頭獎	5個簽選號碼完全同於開獎號碼	1/169911
2獎	5個簽選號碼中有4個同於開獎號碼，剩下的1個號碼要同於特別號	5/169911
3獎	5個簽選號碼中有4個同於開獎號碼	125/169911
4獎	5個簽選號碼中有3個同於開獎號碼	3250/169911

BIG

用電腦隨機下注所選的14場足球比賽中，各隊伍的「輸」、「贏」或「其他」（平手或延長賽）。發生累積獎金時，最高獎金可達6億日圓（平時頭獎最高3億日圓），獎金會因銷售額跟中獎人數而變動。1張300日圓。

	中獎類型	中獎率（理論值）	獎金（分配比例）
頭獎	全都賭中	約1/4800000	80%
2獎	只有1場沒中	約1/170000	7%
3獎	只有2場沒中	約1/13000	2%
4獎	只有3場沒中	約1/1643	3%
5獎	只有4場沒中	約1/299	3%
6獎	只有5場沒中	約1/75	5%

本核准的國營博奕期望值比較高是真的嗎？日本大樂透、樂透（樂透 6、迷你樂透）、toto（toto、BIG等）的回饋率約在45～50%，局勢對消費者很不利。而賽馬跟賽艇的回饋率約有70%。。

樂透6跟toto、BIG等彩券會累積獎金至下期（超過中獎獎金之金額）。當獎金累積時，期望值會比平常來得高。假如獎金一直累積下去，就可以「預期」獎金總額的期望值會超過100%。

可是要注意的是，獎金總額是有上限規定的。賭自行車比賽的「自行車樂透」，其獎金總額的上限就高達12億日圓，若再加上累積獎金，在理想條件下期望值有可能會超過100%。

馬號與組號

組號	馬號	馬名
1	1	葉綠素
	2	夸克
2	3	行星狀星雲
	4	可見光
3	5	魯米諾反應
	6	寒武紀大爆發
4	7	伽利略
	8	克羅馬儂人
5	9	獵戶座星雲
	10	微血管
6	11	突觸
	12	火箭
7	13	離子引擎
	14	奈米碳管
8	15	高斯平面
	16	低溫電子顯微鏡

賽馬券的種類與機率（16匹馬出賽的情況）

種類	賭注內容	機率
獨贏	得到第 1 名的馬	6.25%
位置	進入前 3 名的馬	18.75%
組別連	前 2 名組別的組合	3.3%（同組為 0.83%）
連贏	前 2 名馬的組合	0.83%
位置連贏	3 名內 2 匹馬的組合	2.5%
馬單	前 2 名馬的排名	0.42%
單 T	前 3 名馬的組合	0.18%
三重彩	前 3 名馬的排名順序	0.03%

職業撲克玩家為何實力堅強？

他們熟稔機率，
依狀況理性判斷

撲克牌遊戲是用撲克牌的卡牌組成「牌型」，並比賽牌型大小的遊戲。日本最常玩的「五張換」（draw poker），一開始分到 5 張手牌之後，會互相交換其中幾張，以湊出更強的牌型。使用不含鬼牌的52張牌來玩，最初 5 張手牌形成各種牌型的機率如右頁所示。

撲克牌跟其他種類的賭博不一樣，有賴以維生的職業玩家。職業撲克玩家為什麼會那麼厲害呢？。

雖說是職業撲克玩家，但他們也不知道下一張會拿到哪張牌。但是職業玩家會一直觀察桌上已出現什麼牌，來推測下次出現什麼牌的機率比較高。而且，他們會比一般人更精於觀察對手出牌的習慣，並理性判斷已押在場上的籌碼數損益來決定要定勝負或是放棄這局，故能保持高勝率。

「德州撲克」為全世界的主流玩法

撲克牌可以組合出多種玩法，日本最常玩「五張換」，台灣最常玩「大老二」，而世界上的主流則是「德州撲克」。

德州撲克的手牌只有 2 張，而場上備有 5 張公用牌，是所有玩家共用的。5 張公用牌一開始都是蓋牌，隨著遊戲進行，會階段性地先翻開 3 張，再來是 1 張，最後是 1 張。玩家會將自己的手牌跟開牌於場上的公用牌，湊成 5 張的牌型，並下注博奕誰的牌型比較強。賭注則是跟美式輪盤一樣，用籌碼進行，決定要增加籌碼數量或是不跟進籌碼數量而放棄此局等，運籌帷幄是非常重要的。

最初拿到的手牌中,形成各種牌型的機率

牌型	定義	範例	機率
散牌	沒有牌型		約 50%
1 對	2 張相同數字的牌		約 42%
2 對	2 對 2 張相同數字的牌		約 4.8%
3 條	3 張相同數字的牌		約 2.1%
順子	5 張連號數字的牌		約 0.4%
同花	5 張同花色的牌		約 0.2%
葫蘆	1 對跟 3 條的組合		約 0.14%
鐵支	4 張相同數字的牌		約 0.02%
同花順	花色相同的 5 張連號數字		約 0.0014%
同花大順	花色相同且為 10、J、Q、K、A 的組合		約 0.000154%

※ 牌型強弱由上往下遞增

真的有運氣好這回事嗎？

賭博連勝好幾局時，我們會很開心想說「手氣真好」。相反地若輸得很慘，就會很不甘心地認為「真倒楣」，賭客口中所謂的「運氣」真的存在嗎？

從結論來說，我們稱為運氣的東西，是指結果的「偏誤」。請回想一下第2～5頁的擲硬幣1000次實驗，在那次實驗中也曾連續出現9次正面。有時候隨機發生的事情似乎遠比我們想像的還偏誤。

所以，所謂手氣只不過是事後驗證的時候，聚焦在偏誤的結果上而感到運氣好或壞而已。以賭博為例，即使那次整場狀態絕佳，說到底也只是偶然的結果，只要在相同條件下，機率本身是不會改變的。會贏下一場賭注的機率只是呈現它原本的機率而已。

獎金的期望值為「∞日圓」！
報名費要低於多少您才會參加？

我們來討論一個期望值不是萬能指標的例子。

現在來連續投擲硬幣，第 1 次出現正面時可獲得獎金。獎金金額的加碼方式是若第 1 次就出現正面的話為「1 日圓」；若第 1 次出現反面且第 2 次出現正面的話則翻倍為「2 日圓」；若前 2 次都出現反面且第 3 次出現正面的話，則再翻 2 倍為「4 日圓」。第30次才出現正面時，獎金實際上已達到驚人的 2^{29} ＝ 5 億3687萬912日圓。

請問報名費要低於多少，您才會參加這場賭局？

計算一下期望值便可知道了，如右頁所示，居然是無限大（∞）。這代表著就算報名費要1億日圓，對參加者而言（只看期望值）「還是有利的賭注」。

但是回到實際情況，不惜付出巨款也想參加的人應該非常非常稀少吧。這場賭局儘管其期望值為無限大，但不會令人心動，這個現象即稱為「聖彼得堡矛盾」（St. Petersburg paradox）。

正面

反面

第1次就出現正面時

機率 × 獎金 = $\frac{1}{2} \times 1 = \frac{1}{2}$ 日圓

第2次才出現正面時

機率 × 獎金 = $\frac{1}{2} \times \frac{1}{2} \times 2 = \frac{1}{2}$ 日圓

第3次才出現正面時

機率 × 獎金 = $\frac{1}{2} \times \frac{1}{2} \times \frac{1}{2} \times 4 = \frac{1}{2}$ 日圓

第4次才出現正面時

機率 × 獎金 = $\frac{1}{2} \times \frac{1}{2} \times \frac{1}{2} \times \frac{1}{2} \times 8 = \frac{1}{2}$ 日圓

第5次才出現正面時

機率 × 獎金 = $\frac{1}{2} \times \frac{1}{2} \times \frac{1}{2} \times \frac{1}{2} \times \frac{1}{2} \times 16 = \frac{1}{2}$ 日圓

將以上相加出來的無窮值就是期望值，
其金額為無限大（發散級數）。

2位同班同學同一天生日是巧合？

倒不如說這種情況並不少見

若有 2 位同班同學的生日在同一天，您是否會覺得「這也太巧了吧？」是嗎？我們就來算一下這種情況的機率看看。

假設一班有30名學生。不考慮 2 月29日，只考慮 1 年的365天。

我們要計算的是：「30名學生中，至少有 2 人的生日在同一天的機率。」這題要用「餘事件」（詳見第28頁）的觀念比較好算。先求出「30名學生都不同天生日的機率」，再將

30人生日的所有類型數

所有 30 名同班同學的生日可在 365 天中的任意一天，所以有 365^{30} 種。

30人都不同天生日的類型數

第 1 個人的生日哪一天皆可，所以有 365 種
第 2 個人的生日要異於第 1 個人的生日，所以有 364 種
第 3 個人的生日要異於第 1 跟第 2 個人的生日，所以有 363 種

$\vdots$

第 30 個人的生日要異於其他 29 個人的生日，所以有 336 種

將這些數值相乘，共有 365×364×363×……×336 種。

30人都不同一天生日的機率

$$\frac{\text{30 人都不同一天生日的類型數}}{\text{30 人生日的所有類型數}} = \frac{365\times364\times363\times\cdots\cdots336}{365^{30}}$$

計算結果約為 30％。

30名學生中，至少有2人的生日同在某一天的機率

根據餘事件的觀念，整體的機率為 1（ ＝ 100％），所以減去 30 人都不同天生日的機率即為所求，

故答案 **約為 70％**

1（＝100％）減去該機率。

「30名學生的生日都不同一天的機率」算出來約為30％，所以「30名學生中，至少有2人的生日在同一天的機率」約有70％（詳解如左頁下方）。別說是命運的安排了，這根本是很常見的現象。

另外，在30名學生的班級上，有人跟「您」同一天生日的機率大約為7.6％。

生日同一天的機率

顯示班級人數（橫軸）與至少有2人的生日在同一天的機率（縱軸）曲線圖。只要班級人數超過23人，同一天生日的機率就會超過50％，30人班級約為70％，50人班級則高達97％。

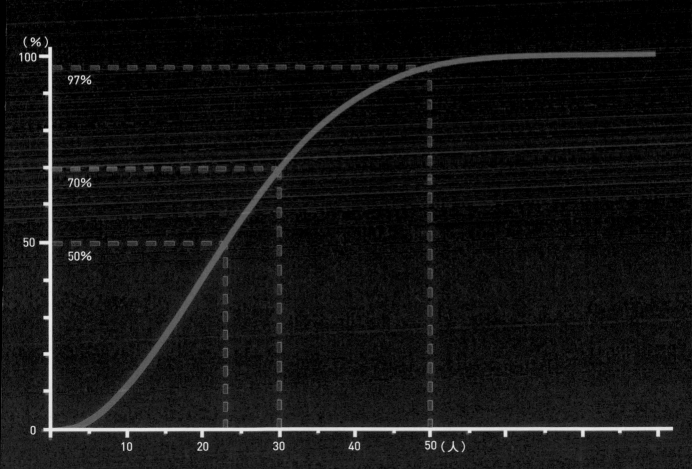

日本職棒總冠軍賽會持續打到第 7 場嗎？

4 勝 2 敗決勝負的機率意外地高

「日本職棒總冠軍賽」是日本職棒的中央聯盟冠軍隊跟太平洋聯盟冠軍隊爭冠決戰，先獲得 4 勝的隊伍即為總冠軍。

兩隊的實力完全不相上下，直覺上最有可能會互戰到最終的第 7 場。而實際上的賽況又是如何呢？

在實力相當的前提下，假設中央聯盟冠軍隊每 1 場的勝率為 50％，敗率也為 50％。不考慮平手的情況。此時，可算出「中央聯盟冠軍隊 4 連勝奪冠的機率」為 $0.5^4 = 0.0625$（＝ 6.25％），而太平洋聯盟冠軍隊也是同樣機率。所以「4 勝 0 敗決勝負的機率」為 6.25％＋6.25％＝12.5％。只要繼續算下去，就會知道 4 勝 1 敗的機率為 25％。然後令人意外的是，4 勝 2 敗的機率跟 4 勝 3 敗的機率都是 31.25％，兩者機率居然一樣。

假設日本職棒總冠軍賽的對戰隊伍實力相當，計算「中央聯盟冠軍隊 4 勝 2 敗奪冠」及「4 勝 3 敗奪冠」機率的結果如表所示。計算過程雖不太一樣，但結果可知兩者的機率相同。另外，太平洋聯盟冠軍隊奪冠的機率也相同。因此，「4 勝 2 敗的機率」跟「4 勝 3 敗的機率」分別都是 31.25％。

中央聯盟冠軍隊4勝2敗奪冠的情況（共10種）

	第1場	第2場	第3場	第4場	第5場	第6場	機率
1.	○	○	○	×	×	○	$0.5^6 = 0.015625$
2.	○	○	×	○	×	○	$0.5^6 = 0.015625$
3.	○	○	×	×	○	○	$0.5^6 = 0.015625$
4.	○	×	○	○	×	○	$0.5^6 = 0.015625$
5.	○	×	○	×	○	○	$0.5^6 = 0.015625$
6.	○	×	×	○	○	○	$0.5^6 = 0.015625$
7.	×	○	○	○	×	○	$0.5^6 = 0.015625$
8.	×	○	○	×	○	○	$0.5^6 = 0.015625$
9.	×	○	×	○	○	○	$0.5^6 = 0.015625$
10.	×	×	○	○	○	○	$0.5^6 = 0.015625$
總計							$0.15625 = 15.625\%$

太平洋聯盟冠軍隊 4 勝 2 敗奪冠的機率也同樣是 15.625%。
因此，4 勝 2 敗決勝負的機率為 15.625%＋15.625%＝31.25%。

中央聯盟冠軍隊4勝3敗奪冠的情況（共20種）

	第1場	第2場	第3場	第4場	第5場	第6場	第7場	機率
1.	○	○	○	×	×	×	○	$0.5^7 = 0.0078125$
2.	○	○	×	○	×	×	○	$0.5^7 = 0.0078125$
3.	○	○	×	×	○	×	○	$0.5^7 = 0.0078125$
4.	○	○	×	×	×	○	○	$0.5^7 = 0.0078125$
5.	○	×	○	○	×	×	○	$0.5^7 = 0.0078125$
6.	○	×	○	×	○	×	○	$0.5^7 = 0.0078125$
7.	○	×	○	×	×	○	○	$0.5^7 = 0.0078125$
8.	○	×	×	○	○	×	○	$0.5^7 = 0.0078125$
9.	○	×	×	○	×	○	○	$0.5^7 = 0.0078125$
10.	○	×	×	×	○	○	○	$0.5^7 = 0.0078125$
11.	×	○	○	○	×	×	○	$0.5^7 = 0.0078125$
12.	×	○	○	×	○	×	○	$0.5^7 = 0.0078125$
13.	×	○	○	×	×	○	○	$0.5^7 = 0.0078125$
14.	×	○	×	○	○	×	○	$0.5^7 = 0.0078125$
15.	×	○	×	○	×	○	○	$0.5^7 = 0.0078125$
16.	×	○	×	×	○	○	○	$0.5^7 = 0.0078125$
17.	×	×	○	○	○	×	○	$0.5^7 = 0.0078125$
18.	×	×	○	○	×	○	○	$0.5^7 = 0.0078125$
19.	×	×	○	×	○	○	○	$0.5^7 = 0.0078125$
20.	×	×	×	○	○	○	○	$0.5^7 = 0.0078125$
總計								$0.15625 = 15.625\%$

太平洋聯盟冠軍隊 4 勝 3 敗奪冠的機率也同樣是 15.625%。
因此，4 勝 3 敗決勝負的機率為 15.625%＋15.625%＝31.25%。

直覺與機率有落差

條件與訊息會改變機率

深奧的「條件機率」

某個家庭有 2 個小孩,已知至少其中 1 個是男孩時,另一個也是男孩的機率為多少?

或許有不少人的直覺是 $\frac{1}{2}$,但實際上計算後,正確答案是 $\frac{1}{3}$。

首先,假設提供的訊息只有 2 個小孩,此時按出生順序的性別組合有 {男、男}、{男、女}、{女、男}、{女、女} 等 4 種可能性。

這時只要加上另一個訊息:「至少其中 1 個是男孩」,就會排除上述 4

依條件改變而變化的機率

只知道「有 2 個小孩」的情況,跟再得知「至少其中 1 個是男孩」的思考方式差異如下所示。知道「至少其中1個是男孩」時,會如右下將二個女孩的可能性予以排除。另外,若問題改為「老大是男孩時,另一個小孩也是男孩的機率為多少?」答案就會是 $\frac{1}{2}$。

只知道有 2 個小孩的情況

再得知至少其中 1 個是男孩的情況

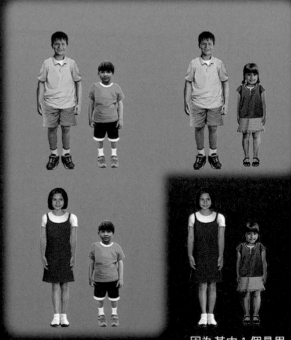

因為其中 1 個是男孩,所以排除二個女孩的情況

種其一的｛女、女｝。

　於是，剩下的可能性為｛男、男｝、
｛男、女｝、｛女、男｝等3種。當1
人為男性時，另1人也為男性的組合
只有｛男、男｝而已。意即3種當中
的1種，故機率為$\frac{1}{3}$。

　像這樣，會因某條件或訊息而
改變的機率，稱為「條件機率」
（conditional probability）。

條件機率的公式

$$P(A|B) = \frac{P(A \cap B)}{P(B)}$$

在B的條件或訊息下，發生A事件的條件機率符號寫作P（A|B），上式即為求出條件機率的公式。P（A∩B）代表
A跟B都發生的機率，P（B）則表示B發生的機率。
　我們來使用這個公式求解本頁所敘述的問題。欲求的機率為「至少其中1個是男孩的條件下，另一個小孩也是
男孩」的機率。A為「另一個小孩是男孩」的事件，B代表「至少其中1個是男孩」的訊息。A∩B代表「至少1人
是男孩，另一個人也是男孩」的意思，意即「2人皆為男孩」。P（B）= $\frac{3}{4}$，P（A∩B）= $\frac{1}{4}$，所以P（A|B）=
（$\frac{1}{4}$）÷（$\frac{3}{4}$）= $\frac{1}{3}$。

極具異性緣的您要如何選出最佳的結婚對象呢？

應該有不少人現在有交往的對象，或正猶豫要不要結婚吧？因為說不定會出現比現在交往對象更好的人，但也可能不會出現。遇到這種煩惱，機率論也能為您提供一些參考。

假設您非常有魅力，所以一生當中會有跟100人交往的機會。另外，假設不會跟已分手的人復合，再假設100人中最佳的結婚對象為A（先生／小姐）。只是不知道A（先生／小姐）會排第幾個出現。

假使跟第1個交往對象結婚，則那人就是A（先生／小姐）的機率為$\frac{1}{100}$（＝1%），機率非常低。雖然如此，但即使等到第100個人再結婚，能跟A（先生／小姐）結婚的機率也同樣是1%。

那麼，要怎麼做才能提高跟A（先生／小姐）結婚的可能性呢？只要用機率論計算，就知道這情況的最佳策略是要跟37個人交往並分手後，再看哪個新的交往對象比過往的37人更有魅力，當此人出現時就跟他結婚。依照這個策略，能跟A（先生／小姐）結婚的機率最高，其值為37%。

為了貼近現實情況，假設一生中的交往對象有10人。

一開始跟第1個交往對象結婚，且此人為A（先生／小姐）的機率為$\frac{1}{10}$（10%）。接著，要考慮的策略是跟第1個交往對象分手後不再往來，並從第2個人之後的交往對象中找到比第1個人更有魅力的人時，就跟他結婚。這種情況下，若第1個人是A（先生／小姐），則能跟A（先生／小姐）結婚的機率就會變成零了。

若第1個交往對象是第2好的B（先生／小姐），機率亦為$\frac{1}{10}$，之後比B（先生／小姐）好的人只有A（先生／小姐），所以不論A（先生／小姐）排第幾個人出現，都能跟A（先生／小姐）結婚。可算出其機率為$\{(\frac{1}{10})\times(\frac{1}{1})\}$。

若第1個交往對象是第3好的C（先生／小姐），機率為$\frac{1}{10}$，之後假如B（先生／小姐）比A（先生／小姐）先出現（機率$\frac{1}{2}$），就能跟A（先生／小姐）結婚。其機率為$\{(\frac{1}{10})\times(\frac{1}{2})\}$。若第1個交往對象是第4好的D（先生／小姐），機率為$\frac{1}{10}$，之後B（先生／小姐）跟C（先生／小

能跟Ａ（先生／小姐）結婚的機率
（有機會跟10個人交往的情況）

分手人數	0人	1人	2人	3人	4人	5人	6人	7人	8人	9人
機率	10%	約28.3%	約36.6%	約39.9%	約39.8%	約37.3%	約32.7%	26.5%	18.9%	10%

上列的「分手人數」是指跟每位交往對象分手後都不再復合的策略，並持續至第幾人的意思。此外，下列的「機率」是指跟上列的人數分手後，遇到比之前更有魅力的交往對象時就跟他結婚，且這位對象就是Ａ（先生／小姐）（10人中最有魅力的異性）的機率。

姐）都比Ａ（先生／小姐）先出現的話，機率為 $\frac{1}{3}$），就能跟Ａ（先生／小姐）結婚。其機率為 $\{(\frac{1}{10}) \times (\frac{1}{3})\}$。

像這種「跟第 1 個交往對象分手，並從第 2 個人之後的交往對象中找到比第 1 個人更有魅力的人時就跟他結婚的策略」，能跟Ａ（先生／小姐）結婚的機率總共約為28%。

以下進行相同的計算，可知跟 2 人

分手後才結婚的策略中，能跟Ａ（先生／小姐）結婚的機率約為37%，跟 3 人分手後的機率約為39.9%，跟 4 人的機率約為39.8%，跟 5 人的機率約為37%，跟 6 人的機率約為33%……。看起來要先跟 3～4 個人交往後再選出命運的另一半，與他／她結婚的機率是最高的。

天氣預報與機率關係密切

不可能完美預測
大氣的狀態

每大播報的大氣預測機率，到底是怎麼計算出來的呢？

透過多種方法觀測大氣的狀況，用電腦根據此資料計算10分鐘後大氣的狀況，接著再根據其結果，計算10分鐘後的狀況，用這樣的計算方法一直重複計算至今天、明天、後天、未來1週的大氣狀況（即天氣狀況），是一種短期預測的方法。

實際上要完全掌握大氣的狀況或準確計算是辦不到的。而且大氣只

今天的天氣如何？

天氣預報是觀測大量的大氣數據，並根據此數據計算出未來大氣的狀態，實現機率所預測的內容。若預報降雨機率為30%，其預報代表播報100次中，會有30次降雨達 1 毫米以上。另外，降雨機率0%似乎是代表「小於5%」的意思（四捨五入）。

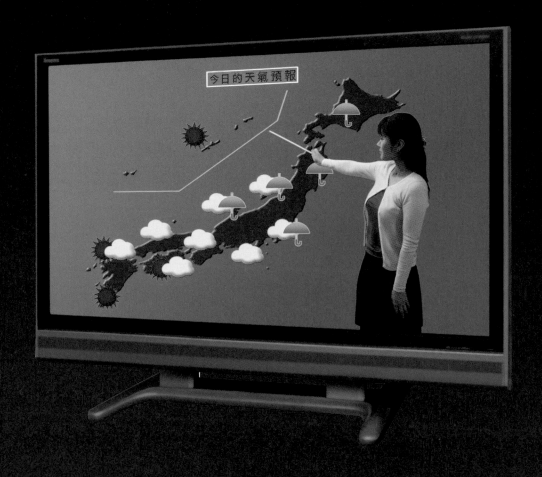

要初期條件有一點差異，就會發展成完全不同的狀況，具有名為「混沌」（chaos）的特性。

正因如此，才需要用機率表示大氣狀況。例如「降雨機率30%」是指相同的預報播報100次時，約有30次會降雨達 1 毫米以上。距未來愈遙遠的預測（長期預報），計算的可信度就愈低。

日本氣象廳公布的天氣預報準確率

日本氣象廳預報降雨準確率（12個月的平均值）的變化曲線圖，包括「降雨」跟「多雲陣雨」。藍線是預報明日準確率的平均值，紅線為預報 3 天～7 天後準確率的平均值

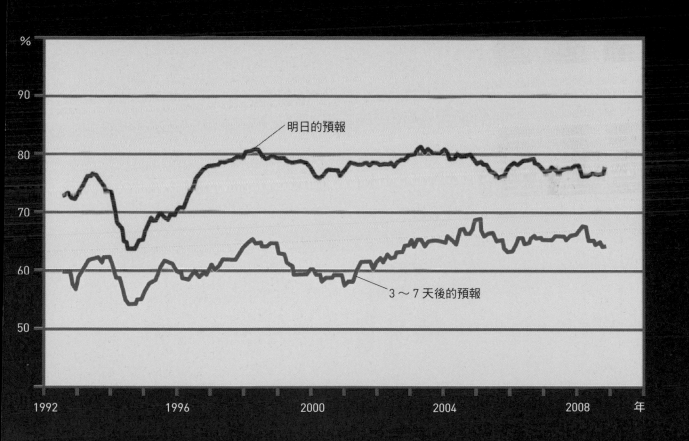

「醉漢的步伐」可用機率表示

機率在無法預測資料動向的方面很好用

如同圖中所示，從路燈算起搖晃不穩的腳步，醉漢重複著蹣跚步伐，雪地上留下的足跡恰好就是隨機漫步的軌跡。

另外，「醉漢」離路燈的平均距離跟步數的平方根成正比。例如一步為0.5m時，若直線前進100步後，應該距離路燈50m。但是在隨機漫步的情況下，平均距離會是$0.5 \times \sqrt{100} = 5$m。

或許有一些人聽過「隨機漫步」（random walk）這個名詞。它是以機率論對隨意朝各方向移動的粒子所建立的運動模型，這種步伐類似酒醉的人步伐蹣跚，搖晃不定的樣子。

隨機漫步在分析現實世界中一般認為不可預測的不規則現象方面，是非常珍貴的工具。

這裡為簡化說明，只考慮粒子在直線上的移動。假設位於原點（0的位置）的醉漢（粒子）向右移動 1 步的機率，跟向左移動 1 步的機率皆為 $\frac{1}{2}$。向左或向右踏出第 2 步的機率也是 $\frac{1}{2}$。只要重複上述動作，醉漢隨著時間經過，持續不規則的移動。

欲知詳情請見下頁說明。

1維的隨機漫步

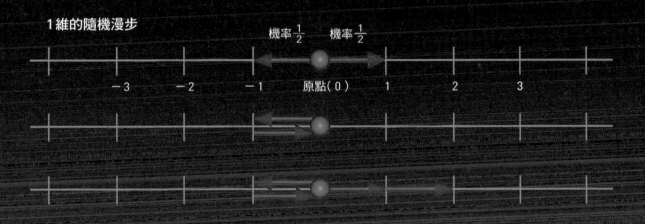

機率$\frac{1}{2}$　機率$\frac{1}{2}$

−3　−2　−1　原點（0）　1　2　3

2維的隨機漫步

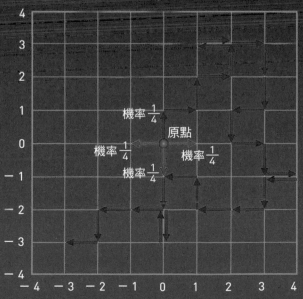

機率$\frac{1}{4}$

機率$\frac{1}{4}$　原點　機率$\frac{1}{4}$

機率$\frac{1}{4}$

上圖為 1 維數線上的隨機漫步示意圖。向右或向左移動的機率皆為 $\frac{1}{2}$，每次會移動 1 步（1 個步伐）。

左圖為隨機漫步的 2 維平面示意圖。往上下左右移動的機率皆為 $\frac{1}{4}$，每次會移動 1 步。另外，雖然此處沒有 3 維空間的示意圖，但在 3 維空間也會產生隨機漫步。

物質跟熱的擴散皆可用機率論預測

自然現象中也藏有機率

隨機漫步在現實中很類似一種自然現象。如水分子微粒透過碰撞，以不同強度朝各個方向散開的「布朗運動」（Brownian motion）便是如此。

而「擴散」（diffusion）現象跟隨機漫步也很類似。例如滴於水中的墨水即使不去攪拌它，也會自然擴散開來。因為只要仔細觀察每一個墨水分子，就會發現它跟布朗運動正發生相同的現象。我們無法預測每一個墨水

微粒子會不規則擴散移動的布朗運動

下圖為布朗運動的示意圖。英國的植物學家布朗（Robert Brown，1773～1858）於1827年用顯微鏡觀察水面上不規則運動的微粒子（碎裂的花粉）時，發現了這個現象，水分子等液體分子會透過微粒子不規則的碰撞而產生布朗運動。用機率來理解這個現象很實用。

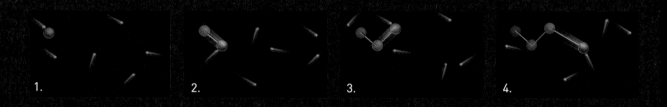

1.　　　　2.　　　　3.　　　　4.

布朗運動與隨機漫步

微粒子會運動是因為跟周圍的水分子碰撞而彈飛擴散。上方圖1～4是粒子因布朗運動而四處移動的示意圖。前頁所提之隨機漫步的可能運動方向已事先設定好（例如棋盤式的上下左右方向），但布朗運動會朝所有可能的方向移動。此外，踏出「下1步」的時機點跟「步伐大小」，在隨機漫步的間距是固定的，但在布朗運動中則是不規則的擴散開來。

右圖為微粒子依布朗運動擴散移動的軌跡示意圖。

微粒子的軌跡

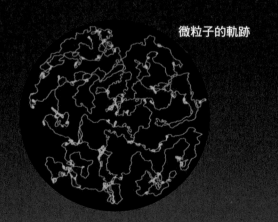

分子的動向，但是透過無限多的分子隨機移動，便可以根據機率論來預測最容易產生的結果（水中墨水的擴散方式）。例如熱的擴散現象也可以用同樣的觀念去理解。

像這樣的機率論不僅經常出現在電玩遊戲跟賭博中，也跟我們日常生活中形形色色的現象有很密切的關係。

物質的「擴散」可用布朗運動解釋

只要在水中滴下一滴墨水，即使沒有水流，墨水也會慢慢地擴散開來。這是由於大量的墨水分子因布朗運動而產生不規則的移動所致。雖然所有的墨水分子停留在正中間的機率並非是零，但墨水分子的數量龐大，所以幾乎不會看到這種情形。

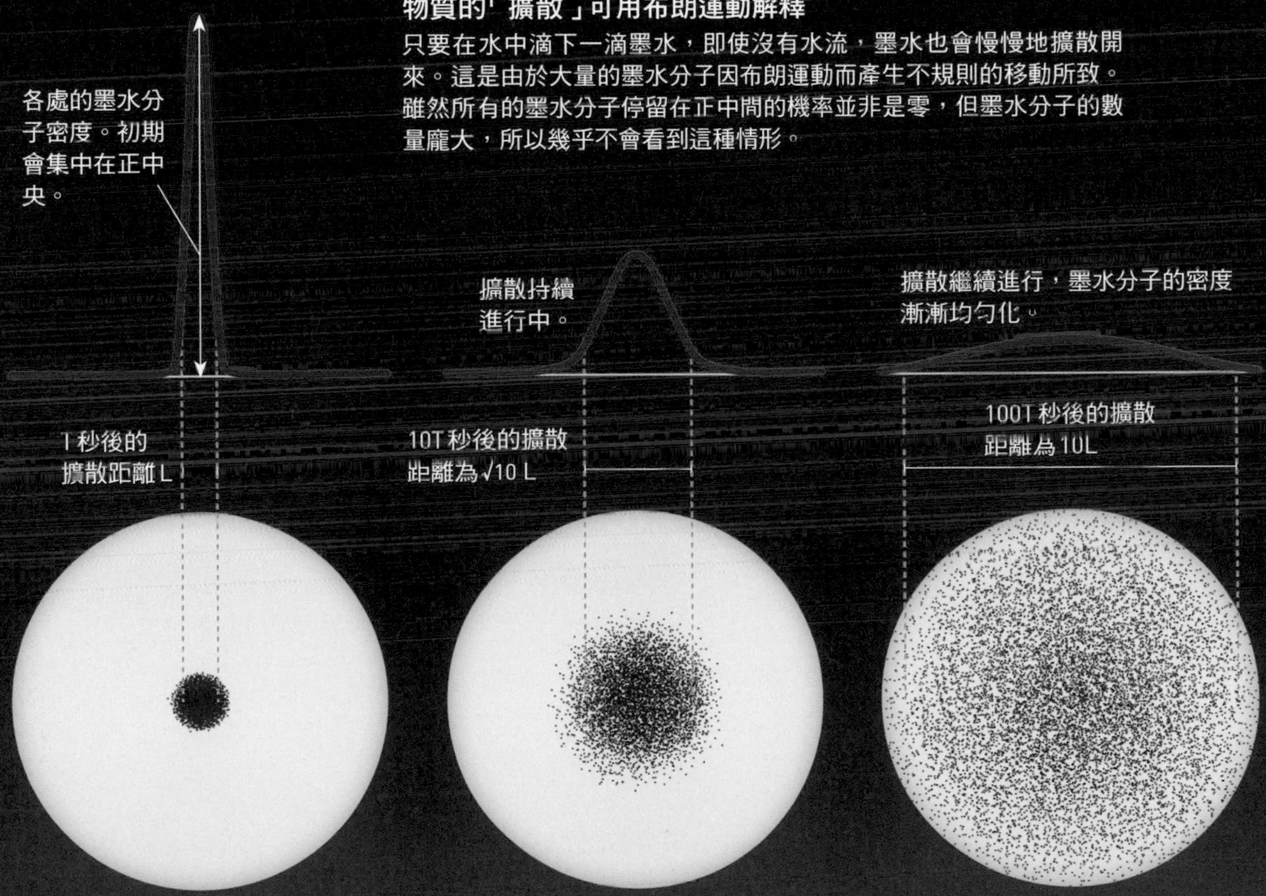

各處的墨水分子密度。初期會集中在正中央。

擴散持續進行中。

擴散繼續進行，墨水分子的密度漸漸均勻化。

T 秒後的擴散距離 L

10T 秒後的擴散距離為 $\sqrt{10}$ L

100T 秒後的擴散距離為 10L

粒子因布朗運動而擴散，已知各粒子的平均移動距離跟經過時間的平方根成正比。例如 T 秒的時間內會擴散至 L 的距離，則經過100倍的100T秒後，可預測粒子已擴散至相當10倍10L的距離。

隱藏於選擇箱子的機率陷阱

少了一個箱子後，您應該要改變當初的選擇嗎？

面前有三個箱子（A、B、C）。其中，只有一個放有鑽石，其他二個都是小石頭，在對方催促之下您選了 A 箱。接下來，對方知道哪個箱子有鑽石，便從沒被選擇的箱子當中打開一個裝有小石頭的 C 箱。對方說你要從 A 換成 B 也可以。到底，您應該要怎麼選才好呢？

這裡先梳理一下狀況。對方已打開了一個沒裝獎品的箱子，所以剩下的二個箱子中，其中一個放有鑽

1. 來，要選哪個呢？

主持人
（知道哪個箱子裡有獎品）

一顆　二顆

獎品在 A～C 三個箱子其中一箱內

您
（不知道哪一箱有獎品）

石。是否應該換箱子的問題可以改寫成「一開始選中」與「沒被選中」的兩個箱子,哪個裝有獎品的機率比較高?

　一開始有三個箱子,所以最初選擇的箱子中獎率為 3 分之 1。主持人打開了一箱,剩下二個箱子,中獎機率因此改變了嗎?(詳解請見下頁所示)

裝有獎品的箱子只有一個

這是個猜獎遊戲,挑戰者要猜出獎品裝在哪個箱子裡面(三箱只有一箱裝有獎品)。第一次選擇後,主持人會打開一個沒被選到的箱子,這時有一次機會可以改變選擇。

2. 挑戰者第 1 次的選擇

挑戰者
最初的選擇

對方會打開一個沒被選到的箱子

3. 挑戰者第 2 次的選擇

對方打開
的箱子

小石頭

您可以改變原本的選擇

換箱子的中獎率會變2倍

對方一定會打開沒中獎的箱子

右圖顯示您一開始選 A 箱時,所有可能發生的情況。若您選 A 箱且意外猜中(1),那麼沒被選到的 B、C 箱都是銘謝惠顧,所以對方打開 B 或 C 箱的機率均為 2 分之 1。

另一種情況是獎品裝在 B 或 C 箱裡(2 跟 3),對方知道獎品放在哪裡,故只會開沒有獎品的那箱,此時應該開的選項就只剩一個。因此,剩下的二個箱子之間,您最初沒選的那箱一定裝有獎品。

打開一個箱子後,將「不換箱子的猜中機率(紅字)」與「更換箱子的猜中機率(藍字)」分別統計。結果,前者的機率是 3 分之 1($=\frac{1}{6}+\frac{1}{6}$),而後者的機率是 3 分之 2($=\frac{1}{3}+\frac{1}{3}$)。代表更換箱子有 2 倍的猜中機率,較容易中獎。

最初選 A 的所有情況

右頁顯示一開始選了 A 箱時所有可能會發生的情況,及各情況發生的機率。1 是第一次就猜中的情況(A 箱裝獎品)。2 跟 3 是第一次都猜到銘謝惠顧的情況(B 或 C 箱裝獎品)。

這個遊戲最關鍵的重點,在於對方知道獎品放在哪一箱。由於對方不會打開裝有獎品的箱子(因為要減少沒中獎的箱子),所以開箱後,機率就會發生變化。而且,這裡的機率還不考慮您跟對方之間的「心理攻防戰」。您如果能「識破」對方打開沒中獎箱子時的目光跟手部動作,機率還會再改變。

【最初選擇時的機率】　　　　　　　　　　【打開一個箱子後的機率】

1. 最初選擇 A，且猜中的情況

機率為 $\frac{1}{3}$（最初選擇的箱子就猜中）

對方
打開 B

機率 $\frac{1}{2}$

機率 $\frac{1}{2}$
對方
打開 C

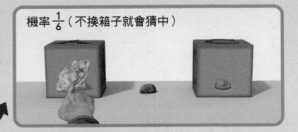

機率 $\frac{1}{6}$（不換箱子就會猜中）

機率 $\frac{1}{6}$（不換箱子就會猜中）

2. 最初選擇 A，但裝獎品的是 B 時

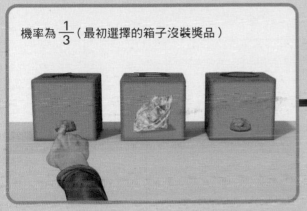

機率為 $\frac{1}{3}$（最初選擇的箱子沒裝獎品）

對方
打開 B

機率 0

機率 1
對方
打開 C

機率 0（不會發生這種情況）

機率 $\frac{1}{3}$（換箱子就會猜中）

3. 最初選擇 A，但裝獎品的是 C 時

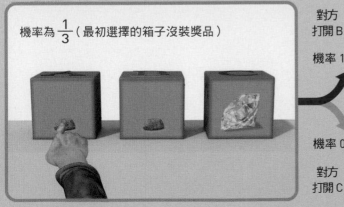

機率為 $\frac{1}{3}$（最初選擇的箱子沒裝獎品）

對方
打開 B

機率 1

機率 0
對方
打開 C

機率 $\frac{1}{3}$（換箱子就會猜中）

機率 0（不會發生這種狀況）

用「貝氏統計」揭露真正的機率

癌症篩檢結果為陽性的可能性是80%就真的罹癌了嗎？

所謂貝氏統計（Bayesian statistics）是為了要算出條件機率的統計學，特別常用來計算肇因的發生機率（條件機率）。

例如，某男性做了癌症篩檢，聽到醫生說：「若驗出癌症的話，有80%的機率是陽性。」結果報告結果出來是「陽性」，直觀解讀就會讓人覺得這位男性有80%的機率罹患癌症，但其實並不是這樣的。

使用貝氏統計求出機率一點都不困

【癌症篩檢結果】

檢查結果為「陽性」

癌症檢查的相關資料

1. 驗出癌症時，有 80%的機率確定是陽性。
   驗出癌症時，也有 20%的機率誤驗為陰性。

   癌細胞 陽性（真陽性） 80%
   陰性（偽陰性） 20%

2. 即使沒有驗出癌症，還是有 5%的機率誤驗成陽性。
   沒有驗出癌症，有 95%的機率確定是陰性。

   正常細胞 陽性（偽陽性） 5%
   陰性（真陰性） 95%

3. 此次受檢的成年男性驗出癌症的比例（罹癌率）為 0.3%
   （1000 人中有 3 人）。

   驗出癌症者 0.3%

   未驗出癌症者 99.7%

難。只要把數值輸入「貝氏定理」
（Bayes' theorem）計算即可。這
次計算所需要的條件是，「罹患癌症
時，檢查證實為陽性的機率」與「未
罹癌卻誤驗成陽性的機率」，以及
「成年男子驗出罹癌的比例」（即罹
癌率）。

　　只要將這些機率輸入貝氏定理計
算，就會算出檢查結果為陽性，且真
正罹癌的機率約為4.6%。

得到癌症的機率為何？

癌症篩檢相關的資料如左頁。經檢驗判定
為陽性時，是否真的罹癌的機率求法如右
頁所示。

　　另外，這裡所顯示的機率只是假想值而
已，並非實際的癌症篩檢數值。

貝氏定理

$$Y\text{ 已發生時，}X\text{ 會發生的機率} = \frac{X\text{ 已發生時 }Y\text{ 會發生的機率} \times X\text{ 會發生的機率}}{Y\text{ 會發生的機率}}$$

X 跟 Y 是獨立的現象。貝氏統計常使用「X＝原因，Y＝結果」來表示。

只要將這次癌症篩檢的案例代入上述的「貝氏定理」，就會變成
「X＝罹癌（原因）」，Y＝癌症篩檢為陽性（結果），所以可改寫成

$$檢驗為陽性時的罹癌機率 = \frac{罹癌時為陽性的機率 \times 罹癌機率}{驗出陽性的機率}$$

將各個機率代入等號右邊時（請注意，0 ～ 100％要換算成0 ～ 1，例如80％→0.80），
就會得到計算結果。

$$檢驗為陽性時的罹癌機率 = \frac{真陽性的機率\ 0.80 \times 罹癌機率\ 0.003}{(0.003 \times 0.80) + (0.997 \times 0.05)}$$

驗出陽性者實為真陽性的機率　　驗出陽性者實為偽陽性的機率

$$= \frac{0.00240}{0.05225} = 0.0459 \cdots\cdots (約\ 4.6\%)$$

結果顯示即使是陽性，但真正罹癌的機率約為4.6%。

要如何判斷是否為垃圾信件？

若超過貝式統計設定的標準值，就會判定為垃圾信件

我們可以用貝氏統計來判斷單方面被迫收到的信件是否為「垃圾信件」。

大部分電子郵箱服務都有自動判斷是否為垃圾信件的功能。當寄來的信件中含有特定的用語或訊息時（＝結果），郵箱服務經常會透過貝氏統計，計算為垃圾信件（＝原因）的機率，並判斷是否為垃圾信件。

信件的主旨跟本文中出現有「交友」或「免費」、「請款」等字眼

利用貝氏定理判斷垃圾信件

利用貝氏定理分析含有「交友」這個字眼的信件，以計算其為垃圾信件的機率有多少。這裡假設所有信件中出現垃圾信件的機率為58%，而垃圾信件中出現「交友」字眼的機率為12%，普通信件中出現「交友」字眼的機率以2%來計算。

新進郵件

判斷

垃圾信件占
整體的58%

普通信件占
整體的42%

時，有很高機率會被歸類為垃圾信件。只要利用貝氏定理，當「信件中出現『交友』等字眼時，就可以求出這封是垃圾信件的機率」（如下圖）。透過分析多個用詞來計算條件機率，如「信件中出現〇〇跟△△、◇◇、⋯⋯等字眼時，這封信是垃圾信件的機率為◎％」。依此求出來的機率若在某標準值以上，就可斷定它是垃圾信件了。

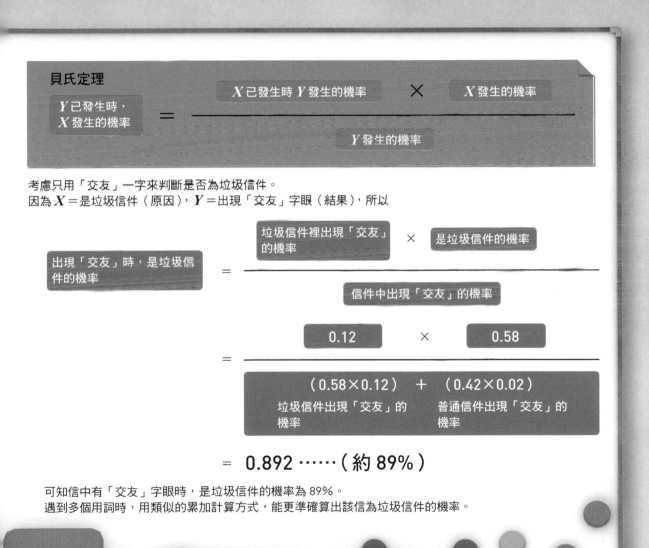

貝氏定理

$$Y \text{已發生時，} X \text{發生的機率} = \frac{X \text{已發生時} Y \text{發生的機率} \times X \text{發生的機率}}{Y \text{發生的機率}}$$

考慮只用「交友」一字來判斷是否為垃圾信件。
因為 X ＝是垃圾信件（原因），Y ＝出現「交友」字眼（結果），所以

$$\text{出現「交友」時，是垃圾信件的機率} = \frac{\text{垃圾信件裡出現「交友」的機率} \times \text{是垃圾信件的機率}}{\text{信件中出現「交友」的機率}}$$

$$= \frac{0.12 \times 0.58}{\underset{\substack{\text{垃圾信件出現「交友」的}\\\text{機率}}}{(0.58 \times 0.12)} + \underset{\substack{\text{普通信件出現「交友」的}\\\text{機率}}}{(0.42 \times 0.02)}}$$

$$= 0.892 \cdots\cdots (約 89\%)$$

可知信中有「交友」字眼時，是垃圾信件的機率為89％。
遇到多個用詞時，用類似的累加計算方式，能更準確算出該信為垃圾信件的機率。

人工智慧聰明的祕密

跟人類一樣會利用統計與機率來思考

最後，我們要來認識開始對現代社會發揮重要功能的人工智慧（AI），是如何以機率及統計為基礎來運作的。

人類會對不太確定的訊息先設定一個假設值，之後再去修正該假設值。人工智慧便是根據這種思考觀念創造出來的。

人工智慧在最近幾年一直有突破性的發展，例如打敗人類的圍棋跟將棋，或從病理畫面中正確地找出癌細胞，還能跟人類自然地對話等。雖說人工智慧很萬能，但說穿了，人工智慧的基礎其實是根據統計學和機率論來進行「判斷」跟「分類」的電腦程式。

而且，人工智慧的特點是會「學習」大量的數據資料，藉以提升判斷跟分類上的精確度，變得更「聰明」。貝氏統計透過新增資料，能更正確地算出原因的機率，真可說是最容易應用於人工智慧的統計學方法了。

結語

機率的問題就討論到此。以後有機
會玩撲克牌或電玩遊戲、賭博
時，您是不是已經可以客觀地看待它們
了呢？

我們憑直覺信以為真的事情也一樣，
只要冷靜地使用機率計算一下，就會意
外發現跟想像中落差很大。若學會正確
的機率觀念，並保持冷靜，依據計算結

果下判斷，應該就能做出最佳選擇。

現在社會資訊爆炸，機率論及其基礎
之統計學的重要性愈來愈重要。學生從
國中就開始接觸統計與機率的觀念，想
要更進階的讀者還可以參考人人伽利
略24《統計與機率：自基礎至貝氏統
計》。

少年伽利略 02

三角函數
sin、cos、tan

　　雖然上數學課時都有學過，但是應該有不少人只是把它當成咒語一樣死背下來吧！

　　其實自古以來三角函數就和我們的生活有密不可分的關係，是人們非常熟悉的數學工具。

　　而如今許許多多的生活科技，比方說對大家而言絕對不可或缺的智慧型手機和數位相機，也應用了三角函數的技術。

　　現在，歡迎進入非常有趣又深富意義的三角函數世界，更貼近感受一下三角函數的奧妙吧！

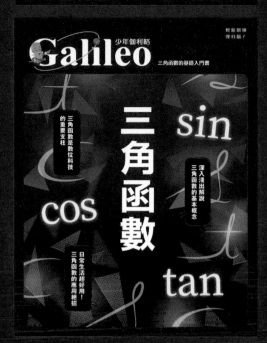

定價：250元

少年伽利略 07

統計
大數據時代必備知識

　　若你看到「全民平均存款約500萬元」會大吃一驚，那你就需要翻開這本書了！生活周遭充斥的各種數據，例如民調、就業率、致病率等等，若能學會統計，就可以用正確的角度去解讀這些數據，避免對數字做出錯誤的判斷。

　　本書用許多基礎觀念與實際例子帶讀者進入統計的世界，有趣又好懂！

定價：250元

【 少年伽利略 08 】

統計 機率篇
用數值預測未來

作者／日本Newton Press
執行副總編輯／陳育仁
編輯顧問／吳家恆
翻譯／林筑茵
編輯／林庭安
商標設計／吉松薛爾
發行人／周元白
出版者／人人出版股份有限公司
地址／231028 新北市新店區寶橋路235巷6弄6號7樓
電話／（02）2918-3366（代表號）
傳真／（02）2914-0000
網址／www.jjp.com.tw
郵政劃撥帳號／16402311 人人出版股份有限公司
製版印刷／長城製版印刷股份有限公司
電話／（02）2918-3366（代表號）
經銷商／聯合發行股份有限公司
電話／（02）2917-8022
第一版第一刷／2021年6月
定價／新台幣250元
　　　港幣83元

國家圖書館出版品預行編目（CIP）資料

統計 機率篇：用數值預測未來
日本Newton Press作；
林筑茵翻譯. -- 第一版. --
新北市：人人, 2021.06
面；公分. —（少年伽利略；8）
ISBN 978-986-461-248-2（平裝）
1.數學教育 2.機率 3.中等教育

524.32　　　　　　　　　110007700

Staff

Editorial Management	木村直之
Design Format	米倉英弘＋川口 匠（細山田デザイン事務所）
Editorial Staff	中村真哉，谷合 稔

Photograph

47	T_kosumi/stock.adobe.com
49	Ulf/stock.adobe.com

Illustration

表紙	Newton Press
2〜13	Newton Press
13	小崎哲太郎
14〜21	Newton Press
22	小崎哲太郎
23〜77	Newton Press